こんな旅日記見たことない

銀村金山

※本文の内容は事実に基づくものですが、登場する人物、団体、名称等は架空であり、実在のものとは関係ありません。

序文

人は旅に出るとその本来の姿が現れます。

この旅日記は普通の日記ではありません。添乗現場での実体験をベースにして赤裸々に書いたものです（一部アレンジ有り）はっきり言ってロマンチックでも上品な話でもありません。そこは清濁併せ呑んでお読み下さい。

高校時代、街で旗を持って団体を引率している人を見て「ダッセー、良くあんなピエロみたいなこと出来るな。俺はゼッテーしないよ」と、言ってバカにしていました。

その私が添乗3種の神器（旗・腕章・名札）と共に30年近く団体を引率、案内したのですから人生は解りません。当時の私は添乗員という言葉も知らず『ソジョウイン』と読んでいたくらいです。

商社を辞め、故郷へ帰ってブラブラしていた時たまたま就職したのが旅行会社でした。初任給は今も忘れぬ５１，０００円！　もっと色んな場所を見てみたい、新しいことを知りたいという想いからつい長く旅行業に携わってしまいました。読者の皆様は読み進める内に自分がその場にいるような錯覚に陥るかも知れません。勿論、昔と今とでは環境や条件も異なり全てが同じではありません。

その点をご留意の上、お楽しみ下さい。

２０１９年10月１日　消費税が10％になった日に

銀村金山

目次

序文……3

第Ⅰ章　国内編

A温泉……11
高松……17
東京……25
能登半島……28
関空……32
糸魚川……36
終着駅……41
沖縄1……45
沖縄2……49

第Ⅱ章　海外編

中国　桂林……57
中国　上海……61
香港1……64
香港2……68
香港3……76
香港4……81
花蓮……87
ソウル……95
フィリピン1……106
フィリピン2……114
フィリピン3……125
バンコク・パタヤビーチ……132
インド……142

シンガポール1 …… 152
シンガポール2 …… 155
シンガポール3 …… 159
ナンシー …… 163
フィジー …… 167
メルボルン …… 171
バンクーバー …… 175
バチカン&ローマ …… 178
ストックホルム~ヘルシンキ …… 185

後記 …… 188
参考文献 …… 190

第Ⅰ章　国内編

A温泉

「添乗員サン、添乗員サン」

遠くから呼ぶ声が聞こえます。段々声が大きくなりふと目を開けると眼の前に白いソックスと足が見え、仲居さんが立っていました。余程慌てていたのか勝手にドアを開けて部屋に入って来たようです。

『ほっこり温泉２泊』と言う企画での出来事です。ウイークデー限定２泊５食お一人様９，８００円のお値打ち価格、午後バスで出発して３日目の昼前に戻ってくる旅。他の社員は時間を持て余すので敬遠していましたが私は好きでした。一旦チェックインしたら読書三昧、おやつを食べ、ＴＶを見て夕食宴会までのんびり過ごします。これで少ないとは言え出張費が貰えるのですから昔やった炎天下のブロック積みのアルバイトに比べれば天国です。２日目の布団は敷きっぱなし、旅館も空室にしておくより少しでも実入りになれば良いという考えです。ある夏40名の団体を連れて行きました。行き先はＡ温泉の中規模Ｆホテル、使いやすくて私は好きでした。皆部屋に落ち着いたら宴会まで何もすることはありません。座布団を枕に横になってワイドショーを見ている内にいつのまにか寝てしまいました。

「大変です。今お客さんが大浴場で倒れて浮いていたんです！」
「え～、まさか。一番楽な仕事だった筈なのにこんな落とし穴が……」

大急ぎで男風呂へ駆けつけました。痩せた80歳位の男性が素っ裸で股間にタオルを掛けられて脱衣所の床に裸で横たえられています。リストで確認したらご夫婦で参加された佐藤さんのご主人です。別の団体客が浮いているのを見つけて引っ張り上げてくれたそうです。その姿は処刑台から下ろされた直後のキリストの亡骸にも見えます（勿論見たことはありません）お湯を吐いたのか口元の床が少し濡れています。救急車が着くまでそれは長い時間でした。

救急隊員が2名入ってきました。いつの間にか女風呂に入っていたひっつめ髪の小柄な奥さんがシュミーズ姿でご主人の枕元に正座してチョコンと座っています。ご主人の危機なのになぜか凄く落ち着いて冷静です。もう諦めたのか、達観しているのか、積年の夫婦の確執か？　それとも多額の保険でも掛けてあるのか……と不謹慎にも思ってしまいました。その間にも救急隊員が色々蘇生処置を施しています。昔ですからＡＥＤ機器なんて有りません。隊員が水を吐かせ、必死に心臓マッサージをしています。

「佐藤サン、佐藤サ～ン」と大声で呼びます。私は為すすべなく傍観しているだけです。医療行為に関して私は全くのド素人でした。さすがにマウス・トゥ・マウスは遠慮したい人種です。

救急隊員、奥さん、仲居さんと私。佐藤さんをとり囲んでいます。まさに臨終の図です。その時佐藤サンが薄目を開けました。気がついたようです。眼の開きが段々大きくなってきました。皆ここぞとばかりに声を掛けます。

「オジイちゃん」

「佐藤サン！」

「大丈夫ですか〜！」皆必死です。

ただ奥さんだけが相変わらず黙って冷静にジッとご主人を見下ろしています。

しかし佐藤サンは眼を見開いたまま一言も発しません。今際《いまわ》の際《きわ》、最後の見開きかと思った瞬間、今まで黙って枕元に座っていた奥さんがポツリとひと言。

「この人、耳が遠いんや」

結局、大事をとってその夜、佐藤さんは近くの病院で1泊。翌朝、無事ホテルに戻ってきました。何とか無事で良かった。後で判明したことは風邪で調子が悪いところにいきなり熱い風呂に入って意識を失くしたとのことです。尾籠な話ですが浴槽内で脱糞も有ったそうでホテルは大浴場の湯を全部入れ替えて清掃しました。

余談ですが、私が小学生の昭和30年代は皆貧乏で各家庭に風呂は無く銭湯に行っていました。いつも満員で芋の子を洗う状態です。小学6年の時でもまだ同級生の女の子と一緒に入っていました。今のような年齢制限の法律が無かった古き良き時代？　誰も気にせず混浴でした。娯楽の少ない時代、皆銭湯が楽しくて中には興奮のあまり湯船で脱糞する子もいました。ド〜ンと立派な1本糞が湯船に浮いているのです。

　子供達は遠目に指差し

「わぁ〜ウ○チだ、ウ○チだ、ウ○チが浮いとる〜！」と囃し立てます。

するとステテコ姿で頭にタオルを巻いた番台のオジサンがおっとり刀で駆けつけます。そして鼻歌を歌いながら湯桶でお湯ごとウ○チを掬い上げ排水溝へザ〜ッと流します。

「ハイ、もうイイヨ〜〜」と語尾を爪弾くように伸ばして宣言します。

　そして何事もなかったかのようにまた番台へ帰って行くのです。我々子供達も「ウン良かった。良かった」と納得してその風呂に再び入って遊んでいました。多少成分？　が溶け出しているはずなのに……誰も気にしない。ウ○チの1本くらいでお湯の全交換なんて勿体なくて誰も思いもしません。まったくのんびりした時代でした。

1週間後、会社のカウンターに誰かが来て「ウチの会長が大変お世話になりました。これ、添乗員さんに」と金壱封を置いて行きました。どこかの会社のオエライサンだったようです。

高松

『金毘羅・高松ツアー2泊3日（船中1泊・旅館1泊）』地元夕刻発、東神戸港1時10分発のジャンボフェリーに乗り込みます。4時間余りですが手足を伸ばせて眠れるので夜行バスの車中泊より遥かに快適です。5時高松港着。到着後一路金毘羅を目指します。6時過ぎに金毘羅着、いつも通りY商店の親父サンが小豆色の旗を持って駐車場へ迎えに来ています。皆洗面を済ませて2階畳の部屋で朝食を摂ります。10分程したら、親父サンが片手に大きな木彫りの布袋さんを持って現れます。彼の風体は太って光沢のあるツルッパゲ、布袋さんそっくりの福顔です。そして名物の口上が始まります。

「お食事しながら聞いて下さい。アルゼンチンの殿方、ナイチンゲールのご婦人方。おはようございます。夜行バスの旅、大変お疲れ様でした。この度は当Y商店ご利用頂き誠に有難うございます……」と立て板に水を流すように手短

に金毘羅さんの紹介をした後で
「尚、お帰りの節にはぜひとも当店でご休憩、お買物して頂くよう宜しくお願い申し上げます」と上手くまとめ上げます。年季が入ったその面白可笑しい説明はベテランの漫才のように安心して聞け、皆大爆笑です。どうせ荷物はここに預け、御本宮参拝の帰りは裏道を通るので他の土産店へ行きようがありません。それは他店も同じ、共存共栄なのです。

普段は小豆島や淡路島泊が多いのですがその時は珍しく高松泊でした。泊まりは町の中心、屋根に旅館Hと大きな緑のネオンサインが出ていました。乗務員と一緒に夕食をとった後、旅館のオヤジに
「テンジョウインサン！　いい処へご案内しますよ」と言われました。その言い方が
「添乗員さん」ではなく文字に表すと如何にも「テンジョウインサン」なのです。この辺りの微妙なニュアンスが解って頂けるでしょうか？　昔の個人経営の小さな旅館はサービス精神に溢れ、旅館のオヤジと添乗員の関係が濃密でし

た。風呂も内風呂、温泉で無かったので余計に気を遣ってくれたのかも知れません。

無下に断るのも悪いかと思い部屋で身なりを整えて玄関に出ました。丁度その時H交通の運転手2人が私を見つけ年配のKから

「銀村サン1人だけどこ行くの？　我々も一緒に連れてって下さいヨ」と声を掛けられました。Kは私より20歳位年長。小柄で小太り、いつもニコニコして鼻毛が出ていて信楽焼の狸そっくりでした。もう一人の若い運転手は同じKと言う姓、丸刈りで筋肉質、前職はダンプの運ちゃんです。

「しょうがないなあ」と思いながら3人で旅館のオヤジの車に乗り込みました。車は高松築港の方向へ走りました。赤い灯、青い灯が見えます。何度も左折、右折を繰り返し20分後ようやく1軒の民家の前に辿りつきました。場所はどこか全く見当がつきません。オヤジは帰りの段取りを一切言わずにサッサと帰ってしまいました。

ここでひと悶着ありました。玄関引き戸をガラガラっと開けると出てきたオバサンが運転手２人を見て怪訝な顔をして「チョット待て」と言いました。一旦奥へ引っ込み再び出てきました。どうやら旅館に確認の電話をしたようです。運転手は食事をして制服のまま来ました。服もネクタイも濃紺で２人は警察官に間違えられたのです。そう言われれば警察官に見えないこともありません。特に若いＫは体格も良く柔道をやっている警察官そのものです。説明をしてようやく登楼することが出来ました。とんだ災難です。

3人別々に2階の部屋に通されました。薄暗い蛍光灯の4畳半、敷かれた煎餅布団が侘しい。4畳半襖の何トカ……を思い出しました。しばらくすると私より明らかに年上の30半ば？　のさっきとは別のオバサンが入ってきました。

……（中略）……

20分後部屋を出ましたが私だけで他に誰もいません。運転手を待つ場所が有りません。木の階段を降りると1階右に畳部屋が有りました。襖が開けっ放しなので中にいた男に頼んで待たせてもらいました。することも無く畳に座って辺りを観察しました。そこは正に古き良き昭和のノスタルジーそのもの。音を消したＴＶの野球中継に黒電話、トランジスタラジオからは演歌が流れていました。ステテコにチヂミのシャツ、紫色の腹巻きの男が火の入ってない四角い火鉢の前で胡坐をかき、咥えたばこで札束を数えています。襖の左側は上半分が磨りガラスで下半分が透明なガラス、そこから向こうは焼き肉屋です。大勢の客がいて煙草と焼き肉の煙で霞んでいます。男が数えているのは今日の売上金のようです。ひょっとしてここは入ってはいけない部屋なのか？　暫くすると若い方のＫが降りて来ました。あとは年配のＫだけです。私だけタクシーで先に帰っても良かったのですが置き去りは可哀想かと思い待つことにしました。ところがこれがまた遅い、それから30分ほど経ってもう１人のＫがようやく降りてきました。

私「何していたの？　こんなに長い時間。そんなに良かったの？」と尋ねました。

Ｋ「それが待てど暮らせどオンナが来ないんだよ。待ち時間30分本番３分だった」と照れ笑いで宣《のたま》います。
私「どんなオンナだった？」と聞くと
Ｋ「ちょっと小太りで髪型はオカッパでパンティは赤」
私「ふ～ん。俺のも髪型は同じだったけどパンティは青だった」
Ｋ「あ、それから右の脇腹に盲腸の手術の跡が有った」
私「あれ？　俺のも同じ。有った」
２人「え、……!?」

ようやく解りました。なぜ彼が待たされてこんなに遅かったのか！　旅館のオヤジが当初私１人の予定だったのが急遽３人になったのでオンナが足りず２人しか手配出来なかったのです。それで私が終わると同時にパンティだけ履き替えＫのところへ顔を出したのです。男３人にオンナ２人、とんだダブルヘッダーでした。私とＫは所謂〇〇兄弟になったのです……今更こんな私が言うのも変ですが……ホントは「愛の無いセックス」と「種のあるスイカ」は大嫌いなのです。

帰ろうと思い札束を数えている男にタクシーを呼ぶよう頼みました。

男「どこまで？」

私「旅館Hまで」

男はちょっと眉間に皺を寄せ

「H？　Hならホラ、そこだよ」と咥えたばこで顎をしゃくりました。

「え〜〜〜、何コレ？」しゃくった方向を見ると焼き肉屋の暖簾の向こうに大きくHと書かれたあの緑のネオンサインが見えました。何のことはない、ここは旅館のすぐ裏だったのです！　まんまとオヤジに一杯喰わされました。色々考えてこうしたのでしょう。ひょっとしたらあの女性達はパート従業員でお小遣い稼ぎにオヤジが紹介したのかとも思いました。女性はこういう話を嫌悪するかも知れません。しかし九龍城が取り壊されてご清潔になった香港は今ひとつ魅力のない場所になってしまいました。だから街にはある程度こういう陰というか裏の部分も必要なんです。

それ以来、仕事でたまにＫと一緒になったら私のことを
「オニイサン、オニイサン」と呼ぶようになりました。横で聞いていたバスガイドが
「ねえ、銀村サンの方が遥かに若いのに、何でＫさん貴方のことだけオニイサン、オニイサンと呼ぶの？」と聞かれ返答に困ったことです。
ずっと後になり私がＧ大学内の旅行社所長をしていた時、駐車場で後ろから「オニイサン、オニイサン」と呼ぶ声がします。振り返るとあのＫがニコニコ顔で立っていました。何と彼は定年退職後、その大学のスクールバスの運転手をしていたのです。
「時効だからいい加減オニイサンはもう止めてよ！」と笑いながら応えた私でした。

東京

ＴＶで１９８７年の映画『ある朝フェリスは突然に』を観ました。高校生のフェリスが仮病で学校をサボり一日自由を満喫するという映画です。校長先生役には名脇役のジェフリー・ジョーンズ。映画『アマデウス』で皇帝ヨーゼフⅡ世を演じた渋い役者です。美術館のワンシーンで一瞬気になる絵が目に入りました。ホンの０．５秒くらいの間です。普通の人ならまず見過ごしていたでしょう。物事はその目で見ていると必ず目に入ります。私の好きなエドワード・ホッパーの作品ナイトホークスです。作品完成後、３，０００＄でシカゴ美術館が買い取りました。美術館の買い付け担当者は慧眼でした。古き良きアメリカ、何気ない夜のレストランを光と影を対比させて描いた絵です。何とも言えぬ独特なムードが有ります。ナイトホークスは直訳で夜鷹です。と言っても江戸時代にいた手ぬぐいを頭から被り端っこを口に咥えゴザを抱えたあの夜鷹ではありません。『夜更かしの人たち』と言う意味です。

ホッパーは数多くの味わい深い作品を描きました。日本の画家では断然葛飾北斎です。今話題の伊藤若冲は好みでありません。特にブツブツが付いた鶏のトサカを見るとあまりにもリアルで鳥肌が立ちます。若冲で良いと思うのは『葡萄図』だけです。

１９９０年10月６日から12月16日までの期間、東京都庭園美術館で『エドワード・ホッパー展』が開催されると知りました。自腹を切ってでも行きたいと思っていた矢先、公募ツアー『ＴＤＬと東京フリータイム２日間』が人数も集まり催行決定マークが付いているのをボードで確認しました。渡りに船とばかりに即添乗を名乗り出ました。土日は皆家に居たい人ばかりでわざわざ添乗希望を出す変わり者は私だけでした。

何度も入場したＴＤＬは当然スルー。添乗・乗務員の控室で本を読んで時間を潰しました。その夜は都内のホテルに１泊。翌日は全員フリータイムで夕刻羽田空港に集合です。翌朝1人でホテルを出発。山手線目黒駅で降りて美術館へ向かいました。快晴で湿度も少なく、周辺は緑も多く快適です。館内に入り2時間かけて作品をじっくり鑑賞しました。残念ながら展示作品はホイットニー美術館収蔵分なのでシカゴ美術館蔵の『ナイトホークス』は無いと。当然図録は購入しました。帰りに純喫茶ルノアールでコクのある珈琲とチーズケーキを堪能しました。好きな絵を見て、のんびり椅子に腰掛け音楽を聴く。仕事中にこんなにもリッチで優雅なひと時を持てたことに私は大満足でした。

夕刻羽田空港でお客様と合流しました。最終手荷物検査の時、お客様の1人が金属探知機に引っ掛かり調べられました。見つかったのは何と浅草で買った十手でした。思わず私が「御用だ！」と言った途端、十手が出てきただけでも可笑しくて笑いを堪えていた係員が遂にプッと吹き出しました。

能登半島

ハネムーンは能登半島でした。

私の結婚はヒビが入ることから始まりました。毎日曜日は会社の清掃日、業者が来てワックスを掛けていきます。ある月曜日床にたっぷり残っていたワックスで私は滑って転倒、収納ケースの下の隙間に右足甲を激しくぶつけました。横にいたお局様が痛み苦しみ悶えている私に球審のごとく「アウト!」なんて笑って叫んでいる……彼女を見上げながら「そんなことだからお前はいつまでも……」と心中叫びました。

ダメージはすぐ無くなるだろうとそのまま仕事をし、昼休みにデパートへ買い物に行きました。ところが途中で足がパンパンに腫れ靴が脱げなくなりました。検査結果は右足腓骨骨折。即ギブス装着で1ヶ月間絶対安静という診断が下りました。通常なら即入院です。

しかし1週間後は結婚式なのです。会社の総務は労基署が怖くて労災の申請をしてくれませんでした。

「おう、銀村。早くもヒビが入ったな!」なんて茶化されました。記念写真も撮らなければなりません。止む無く黒のパンストを何枚も重ね履きして白い石膏を隠しました。しかし見た目は明らかに大きい異常な右足です。私は日本式の結婚式を思っていたのですが彼女がどうしても教会とのことで、バージンロードを黒パンストで包んだ異様に大きい右足を引きずりながら松葉杖でヨチヨチ歩きました。

女性社員2名が昼休みを利用して見に来ました。結婚式に会社の人間を誰も招待しなかったので

「一体どんな女性か?」とチェックに来たんです。親族以外に右側に母娘と思われる2人連れがいました。少し前にここで式を挙げたが自分の式は良く見ることが出来なかったので今回、私の式を見学に来たそうです。僅か25名足らずの質素な式でした。

我々二人がファンファーレをバックに入場した時、その親子はプッと吹き出しました。
「チッ、失礼な」まさか松葉杖をつき足を黒いパンストでがっちり包んだ新郎！よもやそんなグロテスクな人間が現れるとは全く想像していなかったのです。ゆっくりゆっくり歩いてようやく神父の前まで辿りつきました。教会のオルガン奏者は
「いつも皆さん歩くのが早く曲が余ってしまうが、銀村さんの場合スピードが遅くて曲がピッタリ嵌りました！」と妙な褒められ方をしました。
新婚旅行先は元々私が好きだった佐渡島へ車で行く予定でした。しかし石膏の足でアクセルを踏んだ時、加減が解らず車が急発進するので運転は諦めました。行先も近場の能登半島、羽咋1泊と輪島2泊に変更しました。勿論、運転も全てお任せです。昼も夜も私はただ横になっているだけの『マグロ』何のためのハネムーンだったのか分かりません。

彼女からは

「旅行会社の人間と結婚してまさか新婚旅行先が能登半島とは！」と絶句されました。

「せめて海外に行きたかったのに……」と言われました。しかし私の中では佐渡島が能登半島になっただけです。

途中有名な旧家を見学しました。その当主は説明の時、私に対してだけ異常に親切で見学の間ずっと私の腰に手を回して体を触り続けていました。松葉杖をついているから親切なのかと思っていましたがどうも彼はそういう趣味の人だったようです。彼女は少し離れふて腐れて説明を聞いていましたがあとから

「男にモテるね～」と散々嫌味を言われました。兎に角骨折してから新婚旅行終了までハチャメチャな11日間でした。

関空

『繊維会社の沖縄慰安旅行』地元空港集合で三々五々社員が集まってきます。総勢30名、添乗員を入れて31名です。ところが最後に病気でキャンセルした女性社員が1人、息を切らせて走って来ました。

「やっと間に合ったあ。風邪治ったから来ちゃった」だと。

「ハア?」一瞬頭がまっ白になりました。バス旅行じゃないんです。あれほど幹事さんと参加人数も打ち合わせしたのに……今頃ノコノコ出てきても困ります。案の定、搭乗便は満席でした。こうなったら私が関空まで行くしか有りません。幸い席は空いていたのでその場で予約して貰いました。

楽しい時間が一瞬にして地獄に変わることが有ります。世の中にはどうしても信じて貰えぬこと、自分で証明出来ないことがあります。２０１８年日大アメフト事件。ＴＶのインタビューで監督が「信じて貰えないかも知れませんが……」と発言しました。それに対して私は少し信じてあげたい気もするのです。

その理由は……あれは関空発・那覇行きＪＡＬ便機内での出来事です。前述の理由で私は1人だけ関空から出発することになりました。私の席はトイレ前の最後部、席に行くと窓側に妙齢の美女が座っていました。ニッコリ笑って「宜しく」と挨拶しました。彼女は私服を着ていましたがＪＡＬのＣＡ（客室乗務員）、バケーションで沖縄へ行くそうです。笑うとエクボが愛らしい。離陸後、彼女はまだ私の地元へ行ったことがないとのことでホテルや観光の穴場を教えたりして楽しい時間が過ぎていきました。

小1時間して私はトイレに立ちました。便器の蓋を開けて愕然としました。何とそこには直径20ｃｍ高さ10ｃｍ位の巨大なとぐろが鎮座しています。まるで富士山です。

（ど、どうして。こ、こんな巨大なモノが……）信じられません。1人分なのかそれとも大勢の蓄積物なのか？　必至にフラッシュボタンを押しましたがコーッ、コーッと言う音がして水は流れますが微動だにしません。

勿論手で触りたくありません。止む無くその上から小用を済ませ席に戻りました。ところが、なんと彼女が「ごめんなさい」と言って私の前を通って私が今出てきたばかりのトイレに入って行くではありませんか！　ヒエ〜絶体絶命、万事休す。

彼女が戻って来ました。私は通り易いように膝を引きました。彼女が一瞬チラッとこちらを見たような気がしました。私が何か言おうとした瞬間、彼女はイヤホンを付け窓に頭を預けて目を瞑ってしまいました。先程までの楽しい時間は何処へ？　とうとう那覇到着まで２人の会話はゼロでした。状況証拠はクロ、１００％私に不利な状況です。エレベーター内のオ〇ラと同じで否定すればするほど本人が疑われるのです。

ようやく那覇に着きました、彼女はまだ目を瞑っています。私は完全に犯人になってしまいました。後ろ髪を引かれる思いで機をあとにしました。もし今彼女に出会ったらこう言いたいのです。

「し、信じて貰えないかもしれませんが……京都出身ＪＡＬ・ＣＡのＹ山さん。あそこに有った富士山は絶対私のモノではありませ～ん。最初から有ったのです。信じて下さーい。違うのですゥ。冤罪ですゥ」と。

糸魚川

その母娘は糸魚川駅から乗車してきた。４人掛席の私の前に座った。母親は60代痩せて寡黙、普段畑仕事でもしているのか腰が曲がり真っ黒に日焼けしている。

「あの、良かったらこれ召し上がって下さい」と余った団体のお弁当を２個プレゼントした。２人は恐縮しながらも貰ってくれた。それがきっかけで娘と話をするようになった。彼女は私と同じ20代、母親譲りの細身だが色素が少なく透き通るような肌をしている。淡いピンクのブラウスに白のプリーツスカート、素足でサンダル履きの軽装。出身は秋田県の大館、長野の病院で看護師として働いている。お盆休みに遊びに来た母親と一緒に松本市内を観光した後、糸魚川から帰省するそうだ。母親の年齢を考えるとおそらく彼女は末っ子だ。

『お盆に行く東北ツアー』ＪＲがまだ国鉄と呼ばれていた時代、『(急行) しらゆき号』が日本海沿線を青森まで走っていた。幸い私の団体は全員座ることが出来た。冷房は無く気温も上昇して新潟を過ぎたあたりから超満員。暑さと人いきれで車内は蒸し風呂状態になった。長い間じっとしていたので段々足がうっ血してくる。当時はエコノミー症候群と言う言葉なんか影も形も無かった。ふと見ると彼女も体をねじったり足をさすったりしている。

「辛いなら足を上げて下さい。私も上げて良いですか？」と私の右側を指差しながら提案したら即ＯＫ。お互い履物を脱いで座席に足を乗せた。スカートが捲れるので持参した新聞を彼女と私の足の上に広げた。列車が揺れる度に私の右足が彼女の右腰に当たる。いたずら心で足先を彼女の脇腹にチョンチョンと当てた。

「ん？」と彼女がこちらを見た。そしてニッコリ笑った。

「あれ、これいいの？」と思って今度はハッキリ動かした。

「悪い子ネ！」と唇を噛み上目遣いで睨むが笑っている。段々エスカレートしてこちらに乗せている彼女の足指を右肘で隠しながら左手で1本そっとつまんだ。彼女は下を向き黙っている。車内は益々混んできて気温も35℃を超えていただろう。息をするのが精一杯、まるで酸欠の金魚だ。ここにいる全員が一刻も早く目的地に着いてこの状態から逃れることだけを願っていた。乗せていた右足を一旦下に置きそれから彼女のスカートの中にそっと入れた。彼女は目を瞑って寝たふり？　をしている。ところが驚いたことにその時、彼女は足裏をこちらの座席の角に当て角度を付けて股を開いてくれたのだ。立っていた乗客がもう4人掛け席の真ん中辺りまで侵略してぐちゃぐちゃな状態。つま先がクロッチに当たりしっとりと熱を帯びる。暑い夏の暑い車内、2人だけの秘密。ほんの数時間前まで赤の他人だった2人が今秘密を共有している。私は気分が悪いふりをして新聞紙の上につっぷした。そして遂に右手を差し入れた。

半端ない緊張感。ピーンと異様に張り詰めた空気。デジャヴ？

確か以前にもこんなことが有ったような……そう、あれはパリの地下鉄の中。乗客の犬が

「ワン」と吠えた。前にいた日本人のお爺さんが一瞬犬に気を取られたその瞬

間、周囲に見えないバリアーが出現した。何とも言えないピリピリした空気。ここだけ時間が止まって透明なプラスチックの箱で覆われたような感覚。

「何、このピリピリしたムード？」その直後、お爺さんが

「あっ、財布盗られた！」と大きな声をあげた。これがスリの瞬間だった。

パリのガイドが

「スリの時は一瞬殺気というかそこだけ何かおかしい異様な空気が張り詰めますよ」と言っていたがその通りだった。犬を吠えさせたのも全て計画のうち、周りを取り囲んだ人間全員グルだった。犯人は財布を他の仲間に即パスしたのだろう。プロの仕事だった。

その時と同じ……

誰も私のことなんか気にしない。全てが新聞紙の下で秘密裏に進んだ。彼女は窓枠に頭を預け、目を閉じ必死に耐える。1分、2分……それ以上？　遂に大きくため息をつきこうべを垂れた。彼女の顔は上気しピンク色に染まり頬にほつれた髪が汗でべったり張り付いていた。身動き出来ない環境下での出来事。

しかし満員の車内、それ以上の進展は望むべくも無かった。

ようやく大舘に着いた。実に5時間以上も母娘と向かい合っていたことになる。彼女と母親は降りていった。窓越しに並んで歩く2人の後ろ姿をボンヤリ目で追っていたら10mくらい先で彼女がいきなり振り向き笑顔でバイバーイと大きく手を振った。声は聞こえなかったが唇はハッキリそう言っていた。私も小さく手を振った。これが当日起きた出来事の全てです。

終着駅

『JR利用 宮島・厳島神社コース』予定通り全ての観光を終え全員無事に駅に着きました。私は旗を高く掲げ心の中で（やっと終わる。もうすぐ解散だ。久しぶりにサウナでも行くか）と思いながら旗を掲げて団体と共に階段を下りていました。当時ホームから改札口までは地下通路で繋がり一般客も交じり混雑していました。その時、突然私の前4，5メートル先で
「ギャア」という叫び声がしました。そこだけ蜘蛛の子を散らすように人が割れ丸い輪が出来ました。近寄ると女性が階段途中で頭を下にして倒れ、連れの女性が血だらけの頭を抱きかかえ必死にハンカチを額に当てています。参加者のご婦人2人連れです。みるみる鮮血に染まるハンカチ。連れの女性は
「アンタ！　大丈夫か。しっかり～しっかりして。ああどうしよう」とパニックになって泣き叫んでいます。前方に転倒してコンクリートの階段に額をモロ

にぶつけたようです。血で顔は真っ赤、目は閉じてグッタリして全く動きません。死んだと思いました。まさか最後の最後にこんなことが……咄嗟に頭を高くして彼女をお姫様抱っこで

「どいて、どいて、通してー」と叫びながら改札口へ走りました。その場にそのままにしておくべきだったかも知れませんがその時は気が動転して一刻も早く改札口まで運ぶことしか頭にありませんでした。血だらけの女性を抱いて走る血だらけの男。一体何者？　と皆遠巻きにみています。駅員に

「救急車！　呼んで」と叫んでそっと彼女を改札口近くに寝かせました。ハンカチで額を押さえ続けました。全く反応がありません。連れの女性は私の後ろで泣き叫んでただオロオロするばかりです。ようやく救急車が来ました。救急隊員に処置を任せて怪我したのは一体誰だろうとメンバーリストで2人の名前を確認しようとしたその時です。

後ろから

「あのー、銀村さん。私達もう帰ってもいいですか？」と言われました。すると倒れた女性がそこに立っています。同じく連れの女性も横に立っています。

「勿論、帰ってもいいですが……あれー、あれー？　一体どうなっているんだ」

「今怪我した筈でしょ。だって血が沢山出てここに……」何が何だか訳が分かりません。頭が混乱し思考が停止しました。良く見ると倒れた女性は今話しかけた団体の女性と同じネズミ色の服を着て、連れの女性も同じ服装です。大阪のオバちゃんがよく着ているあのアッパッパーです。おまけに背格好、年齢、顔も4人共そっくりでした。顔面血だらけでてっきり私の団体客が転倒して怪我したと完全に思い込んでしまったのです。私が運んでいる姿を見て他のお客様もそう信じたでしょう。混乱の中、全く関係の無い赤の他人を一所懸命運んでいたのです。完全に力が抜けその場でヘタリ込んでしまいました。腰が抜けるとはこのことか……初めての経験です。気が付くと手、背広、ネクタイ、ワイシャツも血糊でべったり。もう乾き始めてドス黒く変色しています。鉄臭い血の匂いが半端有りません。改札の若い駅員も青い顔をしてこちらを見ています。もう検札どころではありません。ストレッチャーで女性が運ばれたのを確認してから血の付いた団体乗車券を改札に放り投げてそそくさと退散しました。翌日の朝刊に何も載らなかったのを見れば助かったのでしょう。背広一着ダメになりましたがこれで良かったのです。不思議なことに随分時間が経つのにその時着ていた背広の柄、茶色の細かいチェックだけは未だに覚えています。勿論このことは会社に報告していませんよ。私の団体とは全く関係無かったのですから。

沖縄1

沖縄へは北海道と同じくらい40回以上行きました。那覇から北上する時、米軍嘉手納基地の横を通りますがバスの車窓から見ているといつまでも横にあります。それほど広大です。その中に在る兵士の住宅は平屋で全て芝生に囲まれた一軒家で整然と並んでいます。家と家の間隔も十分とられています。那覇市内にある日本人の住宅とは雲泥の差です。一体ここは日本なのかアメリカなのか？

なぜ沖縄にこれほど大きな基地があるのか？　その理由は……元外務省主任分析官の佐藤優氏は次のように述べています。『１９５１年にサンフランシスコ講和条約が締結された時、日本の米軍基地の割合は、本土90％、沖縄10％でした。ところが戦後、１９５０年代に日本中で反基地闘争が起こります。その際、反基地闘争の面々は「日本には戦争の放棄を謳った憲法第９条があるのだから、

基地はいらない」と主張します。

この言い分が認められて、本土にあった米軍基地は、当時、アメリカの占領下にあり、日本国憲法の適用外だった沖縄に移されたという経緯があるのです。たとえばいま問題になっている普天間基地の海兵隊ですが、ここに来る前は、岐阜と山梨に基地があったのです。

１９７２年の沖縄返還の際には、基地の比率は本土50％、沖縄50％になっていました。それがさらに進み、今では本土30％、沖縄70％です。日本全体の０・６％しかない面積の沖縄に、米軍の70が集中しているのです。

私はこれを「便所掃除理論」と言っています。

本当ならば、47人のクラスメイト全員でトイレ掃除を担当しなければならないのに、「沖縄くんだけがトイレに近い」とかいろいろな理由をつけられて、１年の７割、２５０日以上、トイレ掃除をさせられているのです。

そして沖縄くん以外の46人が、これでいいんだと思っている。こういう背景を知る必要があります。』

「Ｇのインテリジェンス　さいとう・たかを、佐藤優共著　小学館」から引用。

Ｔ／Ｃ（添乗員）でも知っている人は少ないのですが、台湾から那覇行きのフライト電光掲示板に掲示される行き先は『那覇』ではなく『琉球（ＯＫＩＮＡＷＡ）』です。これなど中華系民族が沖縄は未だに自分達のモノだとの認識を持っている証拠です。

私はいつも広大な嘉手納基地の横を観光バスに乗って通る度に沖縄の人達に『最前線で日本を守ってくれて有り難う』と済まない気持ちで一杯でした。しかし私に出来ることは少なく、せいぜい観光客を沖縄へ連れて行くことぐらいしか出来ませんでした。その意味で『多少他の本土の人達より沖縄の経済に少しは寄与出来たかなあ』と思っています。

しかし有事にアメリカは本当に日本を守ってくれるのでしょうか？　単刀直入聞けばいいのです。

「アメリカさん、もし中国が日本に核を落としたら本当にアメリカは中国に対して核で報復してくれますか？　その場合当然アメリカ国民も犠牲になります。

それでも日本を守ってくれますか?」と。アメリカの返事は決まっています。『Ｎｏ』です。自国民だけは安全に、核汚染はアメリカから遠く離れた東洋の島国だけにして置くというのが本音です。

　米軍が日本に基地を持ち駐留するのは日本の為ではなく、自分達の国アメリカの利益を守りアジア地区の覇権を維持する為、及び日本を監視することが目的です。即ち依然として日本はまだアメリカの仮想敵国であり属国なのです。日本に在る基地及び幅広い制空権は日本に対するものです。核を持った統一朝鮮が出現した時、対馬~五島列島が防衛ラインになります。日本が自ら核を持ち、米軍が基地もろとも撤退した時、初めて真の独立国になれるのです。

沖縄2

作家の城山三郎は金解禁の話を題材にした『男子の本懐』など優れた政治・経済小説を数多く書いた私が好きな作家の一人です。

♂の本懐……
第1位は愛人を連れての海外旅行。
第2位はクラブの女性を連れ出し寿司屋でメシを喰ってからのホテル。
（友人の意見）

今回は2位の話を……那覇への添乗。観光が終わり夜のフリータイム。当時有名だった某地区のクラブ街へ行きました。クラブ街と言っても大抵平屋かせいぜい2階建てのビルで皆小ぢんまりしたシロモノです。それ程立派な造りではありません。それが沢山集まっているのですが照明が暗く歓楽街という感じがしません。谷崎潤一郎の陰翳礼讃ならぬ淫靡礼賛のムードです。しかし決して嫌いではありません。やはりこういうのは目立たぬよう陰にひっそり在るのが本来の姿なんです。

初めてのクラブで指名する女性も分からず全て店にお任せしました。で、横に付いたのはソウルで会ったスタイル抜群の姜仁実（ソウル編に登場）とは似ても似つかぬ正反対のホステスでした。私より5，6才年長と見られる丸顔のぽっちゃりホステス。あぶれたホステスを付けたのかとちょっと失望しましたがそんなことはおくびにも出さず

「はじめまして」と挨拶しました。見掛けによらず、彼女はインテリで話題も豊富でした。

話は弾みこのまま外でお寿司を食べることになりました。幸いこのクラブでは台湾のような罰金システムは無く好きな時間外へ連れ出すことが出来ました。

罰金システムについて補足説明すると。台湾の場合はクラブでホステスを連れ出す場合は罰金と称して店にペナルティを払わねばなりません。午後8時なら5，０００円、午後10時なら3，０００円、0時なら無料というシステムです。それだけ店内のホステスが減るからです。じゃあなぜ皆0時にしないのかと言うと0時には目ぼしい女性は殆ど残っておらずカス（失礼！）しか残っていないからです。だから何時に行って何時に連れ出すというのはお遊びの勘どころであり腕が試される非常に難しいところでもあります（そんな大仰なことではありませんね）

那覇の寿司は、私がいつも食べている寿司とは違います。市場には赤、青、緑など色鮮やかな原色の熱帯魚のような魚が多く今ひとつ食欲が沸きません。私が引率する団体客はいつも新鮮な魚を食べ慣れているのでどこへ行っても魚は美味しくないといいます。私は好みの寿司を少しだけつまみました。後でホテルに来ると言うので部屋番号を教えて一旦別れました。

改装前の某飲料会社経営のSホテルへ最初に行ったのは１９７０年代です。２０１８年に久しぶりに泊まりました。内部は改装されてシングル部屋が多くなり従業員はネパール人ばかりでした。近くの中華料理店もネパール人ばかりです。沖縄とネパールは何か特別な関係が在るのかそれとも特殊なコーディネイターがいるのでしょうか。変っていなかったのは朝食バイキングのグルクン塩焼きでした。これは相変わらず同じで感激しました。昔の添乗員部屋はいつも角部屋でした。ベッドと窓の下枠が同じ高さで寝返りをしたらそのまま下へ落ちる気がしていつも内側で眠っていました。

閑話休題。小一時間ほどしてコンコンとノックが有りドアを開けたら、そこには買い物篭を下げた見知らぬオバさんが立っていました？　ホテルの経営上、飲料の夜間訪問販売でもしているのかと思い断ろうとしました。
「あの～どちらさん？　お部屋間違えていませんか？」と怪訝な顔で言いました。相手はちょっと困惑気味できょとんとしています。よ～く見るとあのホステスでした!!　化粧っ気がまるで無くスッピンで着ているのも店で着ていたドレスとは正反対の地味なブラウスとスカート。普段着&ぺったんこの靴で全くの別人、判りませんでした。

「アタシよ、アタシ！　ふふふ」と含み笑いして部屋に入ってきました。そしてベッド横に立つとサッサと脱ぎ始めます。全くムードゼロです。聞くと「今から自宅に帰って赤ん坊にオッパイを飲ませるので、早く帰りたい」だと、とんだホステスです。まさか赤ん坊も自分が独占していると思った乳首が見も知らぬ男に咥えられているとは夢にも思わなかったことでしょう。

　しかし、これとて沖縄振興の一翼を担ったんだと自分に言い聞かせました。

第Ⅱ章

海外編

中国　桂林

中国は長い間行っていません。もう香港以外二度と行かないでしょう。昔、中国人民が皆貧しく純粋で自転車に乗って対日感情も良かった頃、中国の南方・桂林で漓江下りをしました。しかし船内の物売りがあまりにもしつこく旅情も今一つです。日本人客の心理を理解していません。これは東南アジア全て同じです。放置してくれれば手に取って見ますがずっと横につかれると煩わしいだけです。また値段も『金持ちの日本人だからボッてやろう』と高くしています。

どれだけ高いのか一例を挙げると、香港からマカオへ行く時。お客様には「バスの周囲に来る物売りには構わないように」と注意しますが、どうしても関わってしまいます。朝ホテル前で3個1，000円の毛が付いたキーホルダーを売りに来ます。マカオ行きの水中翼船乗り場では同じ物が5個1，000

円、マカオでは10個1，000円、そしてマカオから帰る港で値切ったら何と30個1，000円！　最初に買ったお客様は憮然としていました。最初から原価1個30円以下なのです。それくらいボッているのです。

川下り終点の地。お客様が友誼商店（免税品店）で買い物をしている間、持前の好奇心で（上には一体何があるんだろう？）と木造の建物2階へ上りました。いつも余計なことをして痛い目に遭います。そこには教室があり30才位の女性教師が日本語を教えていました。廊下からガラスのない窓から教室を覗いていると先生が気付いて中へ入れと手招きされました。どうやら日本の添乗員だとバレたようです。先生が

「まあ丁度良かったわ。何か日本の歌を生徒達に歌って下さい」と頼みます。いきなり言われて戸惑いました。今でこそＡＫＢの曲も歌いますが、当時のレパートリーは僅か3曲『霧の摩周湖』、『知床旅情』それと宮崎県民謡『いもがらぼくと』だけでした。なぜ北海道と九州の歌かと言うと観光地間の距離が離れていて途中で皆眠ってしまいます。それでバスガイドが

「もうそろそろ摩周湖が見えてきますヨ。じゃあここで添乗員さんに眠気覚ましに一曲歌ってもらいましょう！」と補助席で寝たフリをしている私をたたき起こして強制的に歌わせるからです。

一段高い教壇の真ん中に立たされました。もう引っ込みがつきません。オリンピック日本代表の気構えです。生徒30名60の眼が息を殺してじっと私を見つめます。授業中にいきなり出現したこの日本人を宇宙人かと思っているようです。先生、私、生徒達もほんの5分前迄全く思いもしなかったハプニング、どっきりカメラでもこう上手くはいきません。頭のテッペンから服装、靴までしっかりチェックされている感満載です。昭和初期に外国人が田舎の路線バスに乗り込んできた時は多分こんな感じではなかろうかと思いました。腹を括り『知床旅情』を歌い始めました。出だしの音程が狂って声が少し震えましたが段々調子が出てきました。皆真剣にジッと私の歌を聞き入っています。静寂の中、皆の視線を一身に浴びながら歌い続けました。

歌いながら（こんな中国の片田舎で今一体何をしているんだろう？　どうし

てこんな羽目に……）と少し可笑しくなりましたが何とか無事に歌い終えました。と同時に万雷の拍手です。ニュースで良く見る大勢の中国人が胸の前でパチパチと拍手をする光景、それと同じです。生徒達の目がキラキラと輝いています。スター誕生の瞬間です。忘年会のカラオケでもあれ程の拍手を貰ったことは有りません。多分先生も生徒も日本人の生歌を聞いたのは初めてでしょう。先生からお礼を言われてまだザワザワと余韻が残る教室をあとにしました。階下に降りてまだ買い物しているお客様と合流しました。ささやかな日中友好に貢献した？　そんな大仰なことでは有りませんが懐かしい思い出です。

中国　上海

企画物で一番ヒットしたのは『上海蟹食べ放題・上海４日間』です。僅か３ヶ月間で４００名集まりました。安くてお値打ち感が有れば必ず売れます。コースチェックの為最初の添乗は私が行くことにしました。集まった40名の中に小さな建設会社の社員が15名入っていました。社員旅行に利用したのです。メンバーは社長と若い男性社員14名です。１日目の夕食は早速メインイベントの上海蟹です。通常蟹は１杯か２杯、せいぜい３杯も食べればお腹は膨れます。ところがこの建設会社の社員達は食べる食べる。底なしでした。次から次へとお代わりをして遂に店の蟹を全て食べ尽くしてしまいました。

「すみません。もうレストランには蟹が有りません」と言ったところ猛反発を食らいました。

「おい！　冗談言うな。ここに上海蟹食べ放題と書いて有るぞ」

「これは嘘か！」とパンフレットを見せます。

「誰が書いた！」と突っ込まれました。何を隠そう企画してパンフレットを作ったのはこの私です。今更、

「ご免なさい。あれは嘘でした」なんて口が裂けても言えません。既に食事を終えた他のお客様もいます。ここはどうしても丸く収めなければいけません。

「時間も遅いので一旦ホテルへ帰りましょう。蟹は後でお部屋までお届けしますから」と提案して何とかその場を収めました。もうおカネの問題ではありません。プライドです。それからが大変でした。他のレストランから蟹をかき集め一部屋に5杯ずつビニール袋に入れて深夜のホテルの中を駆けずり回って蟹を届けました。一通り配り終えあとは社長の部屋だけです。最後社長の部屋へ3杯、蟹を届けました。ドアを開けて退出しようとしたその時、後ろから社長の一声が掛かりました。

「添乗員さん、ご苦労さん」

これ以降、パンフレットを作る際には『食べ放題。～し放題』という言葉に

凄く神経質になりました。

香港1

初めての海外添乗は香港でした。当時九龍城も存在し、街は混沌、通りもゴミだらけで雑然としていました。道端で大きく広げた股の間に大きな金タライを置き、日がな一日モヤシの黒芽を取っているオバちゃんやバス停までパジャマ姿のまま出てくる女の子もいました。こんな香港、私は嫌いではありません。

携帯電話を初めて見たのもここ香港でした。打ち合わせの時ガイドが黒い弁当箱のようなものをデーブルの上にドンッと置いたので「これは何?」と聞くと携帯電話でした。日本より随分早く普及していました。ここでは九龍半島と香港島の2地区だけなので市外局番も2つで済みます。それもいち早く普及した理由かも知れません。

香港で世話をしてくれたガイド葉さんに私がサイドビジネスで貿易の仕事を

していると話したところ、ガイドとは別の名刺を渡されました。当時発売されて間もない新商品について聞かれました。

「ソニーのウォークマンＷＭ－３を探している。５００台手に入らないか？」と。

「ソニーの代理店なら地元で懇意にしている店があるから帰国後調べて連絡する」と伝えました。彼はガイドの傍ら貿易の仕事もしていて、今新しい事務所を開く準備をしていると教えてくれました。幸い３日目は私もガイドもオプショナルツアーが無くフリータイムで彼に準備中の事務所へ案内されました。ビルの５階、事務所と言ってもまだ誰もおらずドアを開けると工事中でした。剥き出しのコンクリート壁、ところどころに鉄筋が突き出ています。ガイドは副業で貿易を本業にしたいようです。香港のガイドは皆抜け目無く副業を持っています。どちらが本業か分かりません。彼は造りかけのガランとした事務所でこれから行う貿易ビジネスの将来を熱く私に語りました。狭い事務所でしたが場所は良くバブルの今なら数億の値がついている筈です。

帰国後、ソニーの販売代理店社長から別の大きな店を紹介されました。当時ウオークマンＷＭ－３が出たばかりで人気があり品薄状態でした。まとまったロットは手に入らなかったのです。たまたまここにだけに在庫がありました。私がお願いすると担当者は

「輸出するのですか？」と懐疑的でした。社内で輸出に関して何らかの縛りがあったようですが目を瞑ってくれました。当時世界中で奪い合いだったのです。

私は特に否定せず

「知り合いが欲しいと言っている」とだけ伝えました。

（多分無理だろうなあ）と思っていたら、案に相違して数日後すんなりＯＫが出ました。但し条件はキャッシュで前払いです。早速葉さんに電話して送金するよう伝えました。

「銀村サン、本当？　ホントに有るのね？」と彼も興奮して何度も確認します。

それはそうです。香港、東南アジア、日本とあちこち探した商品をたまたま付いた団体添乗員から仕入れることが出来るのですから。

さっそく私の口座に電信で１２００万円（２４０００円×５００台分）入金

があります。

それ迄はフィンランドから宝石類を細々と輸入して市内の貴金属店に卸してせいぜい10万円程度の金額でした。いつも6桁しかない私の預金通帳にいきなり8桁の数字を見た時は感動しました。今だったら海外口座に目を光らせている税務署から『海外から送金有りましたネ。何のおカネですか？』と確実にお伺書が届きます。

私のコミッション5％（60万円）を差し引いた残りをソニーへ支払い、日通から25ケース（500台）発送しました。数日後無事到着したと電話があり一件落着とホッとしました。多分彼は商品を1台4～5万円くらい？　で中東へ再輸出した筈です。

香港人はカネのことになると本当にシビアで抜け目がありません。彼等は身内とキャッシュ、ゴールド（金）現物しか信用しないのです。

香港2

まだ香港が英国領で啓徳空港の時。夜総会（キャバレー）に行きました。市内観光の時、バスの車窓からキンキラキンのどぎつい入口と看板、大きくスリットが入ったチャイナドレス姿のホステス達が出入りする様子が気になっていました。一度どんなものか体験しようと思い夜１人で出かけました。正面に立つとヤッパリ香港、ケバイという表現がピッタリです。１人で入場するには些か躊躇します。中に入ると４００名ともいわれるホステスのうち50名ほどがズラリとチャイナドレス姿で出迎えてくれます。とても恥ずかしくて目を合わせられません。年齢や規模が違いますが日本で温泉旅館の出発時、接待さんが10名ほどならんで見送りしてくれますがあの人数が50名になると言えばその迫力が分かるのではないでしょうか。しかも全員チャイナドレスのオネエチャンばかり。内部はちょっとした体育館です。何千とある電球が煌々と輝き点滅しています。赤と金色ばかりの調度品と電飾で目がチカチカします。まだ午後9時、客は40%位の入りです。

案内された席へ座りました。アメリカの田舎、ダイナーに有るようなU字型のテーブルです。テーブルとソファの感覚が狭くズリズリとお尻をずらせ奥に収まったところでボーイが日本人用日本語のメニューを持ってきました。二つ折りB4サイズの大きなものです。開けると飲料や食事のメニューではありません。ホステスの国別一覧表です。ここから選んで指名するのです。さすが香港、世界20ヶ国のホステスが在籍していました。日本人の項目を見ると名前、話せる言語と出身地が書かれています。

それらしい名前ですが本名かどうか分かりません。上から見ていくと

睦子　日・英　高松
康子　日・英　金沢
香織　日　　　長岡

一枝　日　　東京
……
と続きます。なぜ香港の夜総会で日本人女性が働いているのか興味がありました。しかし折角香港に来てまで日本人はないだろうと思い香港人の欄をチェックしました。
……
マギー　　広・簡・繁・英
ジェーン　広・簡・繁
ミーナ　　広・繁・仏・英
……
漢字だと思ったら意外と英語風の名前で書かれています。そうです、ここ香港は英国領なので皆イングリッシュネームを持っているんです。しかし髪が黒く、肌も黄色く完全なモンゴロイドの名前がメアリーなんて呼ばれるのは聞いていて違和感が有ります。

広は広東語、簡は中国本土の簡体語、繁は台湾の繁体語（台湾語）の略です……

さすがに皆バイリンガル。中にはマリリンとかキャサリンなどというのも有りました。

リストの一番下に

金魚　広・簡・繁

と変った名前を見つけました。これだけ漢字というのも気になりました。日と書かれていないので日本語はダメのようです。面白そうなのでこの『金魚』チャンを指名しました。店内には緩やかなＢＧＭが流れています。しばらくすると真っ赤なチャイナドレスの裾をひらひらさせて金魚チャンが泳ぐようにやって来ました。その顔を見て思わず吹き出しました。なぜ一番下だったのか理由が解った気がしました。まるで出目金そっくり、源氏名に嘘偽りは有りませんでした。眼が大きく少し飛び出て分厚い真っ赤な唇、後ろで束ねた髪がピンと尾びれみたいです。首から上を横からみると本当に出目金そっくりでした。

横に座りニッコリ笑い

「@ＸＣＰＯＩＸＰ２６＆＄?·８＊Ｘ！」と挨拶されましたが全く解りません。しかし性格は良さそうです。何より陽気な人柄がその顔から感じられます。女は顔より性格が一番大切と最近ようやく解りました。そろそろショーが始まる時間です。水割りで乾パーイ！　彼女は日本語を話せず、私も中国語はダメです。お互いの意思疎通手段は筆談しかありません。テーブルの上の薄っぺらのナプキンが紙代わりです。柔らかいので万年筆のインクが滲みます。出身地、年齢、趣味などを次々お互いに質問、聞き出しました。彼女は23才独身。何とか意味が通じます。今度は彼女が

『你有太太?·』

と書きました。（え～太いのかって。いくらホステスでも初対面でいきなりそんなこと聞くか?·）と思いました。彼女は下から私をのぞき見るようにして早

く書けと指示します。ここは日本男児のメンツに賭けても『細』と書けません。しかしお世辞にも『太』とも書けません。私の良心が……両親も許さないでしょう。ましてやその2倍の『太太』なんておこがましい。思案の末に『否、我中太』と書きました。彼女はうーんと顔をしかめていきなり
「ワッカラナーイ！」そこだけ日本語でした。ちぐはぐで何ともかみ合いません。

翌日ガイドに聞いて判ったことは
『太太』は奥さんのことで、『アナタ、奥さんがいるの？』でした。『太さ』は全く関係無かったのです。とんだ恥を掻きました。しかし彼女に誤解がバレなくて良かったです。

それでも楽しく漢字の筆談と彼女が日本語を理解出来ないことをいいことに笑顔で香港や中国の悪口を言ったりして楽しく時間を過ごしました。小一時間経った頃、急に彼女がソワソワし始め席を立ちバッグを手にサーッと走り去っ

て行きました。（何だよ？　オイオイ、それは無いだろう）と思っていると薄暗い店内に一斉に照明が点き真昼のように明るくなりました。（一体何が？）と思っているといきなり警察官が10数名舞台に乱入してきました。広東語で何かキャンキャン喚いています。客も何がなんだか訳が分かりません。皆立ち上がって茫然としています。

　そうこうする内にステージ上にバタバタと机と椅子が運ばれその前にホステス達が手に書類のようなものを持って列を為します。警察官が机を前に座りホステスを一人一人チェックしているようです。客達は係りのボーイから店を出るように言われ君子危うきに近寄らずで、お金も払わずそそくさと外に出ました。全く訳が分かりません。

　ガイドに昨夜の出来事を話すと、中国からの不法移民の取り締まりでした。ホステス達が持っていたのは身分証明書です。店内に流すＢＧＭを代えることでホステス達に臨検のことを知らせ脛に傷あるホステスから逃げ出させるようになっているとのことでした。大人しくステージに並んだホステスは何の問題も無いホステス達でした。どうやら私が呼んだ金魚チャンは香港人でなく中国からの不法滞在者だったようです。私が思うにこれは経営者と警察の持ちつ持たれつのヤラセだと思いました。経営者は身の潔白を、警察は取り調べをしたという実績、アリバイ作りです。事前に警察から経営者に何月何日査察に入ると連絡がいっている筈です。勿論裏金が動いています。と言う訳で、私の香港夜総会初体験はツマラナイ結果に終わりました。

人はその性格にあった事件や出来事にしか遭わないと言われます。だからこれが私に合った出来事だったのか？　ワッカラナーイ！

香港３

その客は受付の時から態度が悪かった。

「オイ、添乗員。窓際頼むっちゃ」男は紫のジャケットに白ズボン、鰐革のベルトと靴、どう見ても普通の人には見えません。職業不明ですが暫定ヤクザ、ここではヤクザと呼びます。連れの女性は水商売風、金髪で真っ赤なミニスカート、旅行には危険なハイヒールです。年は45才と25才のカップル、この２人は１００ｍ離れていても判ります。最初から目立っていました。因みにヤクザがそれと判る服装や高級車に乗るのにはちゃんと理由があります。ミエ、ハッタリと威嚇、ここにヤクザがいるというアピールです。一般市民もヤクザと判り、近づきません。一種の危険回避シグナルです。毒蛇や毒キノコが派手な色をしているのと同じ理由です。しかし暴対法以来、ヤクザもシノギが苦しくなったのか最近では高級外車でなく普通車に乗っているヤクザもいて判らなくなりました。

「将来ヤクザになる」と宣言して初志貫徹、その言葉通りヤクザになった中学の同級生がいました。それはそれで立派です。しかし今かなり厳しいようです。

募集旅行には時々不倫隠しで別々にシングルで申し込み、現地到着後いつの間にか片方の部屋に収まっていることがよくありました。その意味で1人参加出来る募集ツアーは使い勝手が良いようです。しかしこの2人は最初からツインの申込みでした。時々添乗員を見下して旅行が終わって街で再会した時にも下僕のように扱う人がいます。彼もその手の人間です。見ただけで判ります。

私の見立てでは『ヤクザとその愛人』です。当たらずと言えども遠からずでしょう。

（最初からこんなデカイ態度をして……旅行中にきっと何か痛い目に遭うぞ）

と思っていたら案の定、その夜早速電話が掛かってきました。

「添乗員、ちょっと俺の部屋まで来てくれ」

どんな無理難題を押し付けられるのかと思い恐る恐るノックしました。ドアが開けられ中に入ると床が濡れ絨毯もビチャビチャです。手前のベッド付近までしっとりしています。お風呂のお湯を出しっぱなしにして溢れさせてしまったのです。普通は排水口から水が流れて溢れることはまず有りません。余程沢山出したか何らかの理由で排水口が詰まったのかどちらかです。どうやら連れの女性の仕業のようです。相当怒られたのかガウンを羽織って窓際のベッドに腰掛けションボリしています。

「この高級ホテルでもし下の部屋まで漏れていたら賠償金が莫大になりますよ、保険は掛けてありますか?」と言うと彼は急にオロオロして
「ほ、ほ、保険は掛けていない…」

「て、添乗員、何とかならんか」と吃《ども》っています。海外では日本人ヤククザは言葉も解らず、威嚇も通用せず借りてきたネコ状態です。絨毯を捲ってみると幸い下まで浸透していないようです。思案しました。ここで収めないと大変です。その時閃きました！　取りあえずヤクザに1万円のチップを用意させまし

た。そして黙って見ているように言いました。電話してボーイを呼びます。入ってきたボーイにいきなり声を荒げて

「この部屋の排水設備はちょっとおかしい。風呂の水を流したら横の排水溝から水が逆流してきた。一体どうしてくれる！」と日本語で怒鳴りました。ボーイは日本語が解らずポカンとしていますが私怒っていることだけは理解したようです。黙っていましたが床を見て解ったようです。ボーイが何か言おうとしたその瞬間、一転排水溝を指さして今度はゆっくり英語で優しく説明しました。

「突然水が逆流してきて床が濡れてしまった。お客様もこんなことになって大変迷惑している。しかしこれは君の落度でなくホテルの責任だ。何も言わずに君の裁量で部屋を代えてくれないか?」と1万円相当の香港$を素早く握らせました。この辺の緩急のサジ加減は非常に難しい。下手に出ると突っ込まれ、怒らせてしまえば元も子も無くなります。ガツンと出て優しくして真実をすり替えてカネを握らせる。トランプ大統領お得意のディールです。

ボーイは暫く手の中の札をじっと見ていましたが突然ニッコリ笑って「アイアイサー。マスター！」と元気に返事し出て行きました。そして20分後グレードアップした部屋を準備してくれ荷物も率先して運んでくれました。地獄の沙汰もカネ次第。ボーイは思いがけない臨時収入を得て喜んでいました。彼がホテルにどんな説明したのか分かりませんが兎に角無事解決しました。起死回生の一発、嘘も方便。とっさに水が排水溝から逆流してきたことにしたのです。連れの女性も一件落着でホッとした様子でした。

翌日からヤクザの私に対する態度がガラリと変わりました。今まで「オイ、添乗員」だったのが一転、「銀村サン」になりました。帰国後ランドオペレーターから何か言ってくるかと心配でしたが連絡は有りませんでした。あ～疲れた。

香港4

バブル真最中の80年代『建材メーカー協力会の香港親睦旅行』メンバーは血気盛んな2～30代の男性が中心です。観光と夕食が終わり、飲みに行きたいと言われ九龍半島側の九龍湾に面したビル5Fに有る高級クラブへ40名の内有志15名が行くことになりました。ところが予約時に

「全員の英文名が必要です」と言われました。たかが飲みに行くくらいで？ そんなことは今まで一度も有りません。理由を聞いても教えてくれません。とにかく必要の一点張りです。

「提出しないと受付出来ません」と言われやむなく英文リストを提出しました。

夜9時にクラブへ。マネージャーを呼びここのシステムを聞きました。彼は日本人で35才、関西の大学を出て世界を放浪して香港に流れ着きました。坊主

頭で後ろだけチョロチョロと10ｃｍほど髪を細く編んで弁髪のようにしています。取り仕切っているのは彼の奥さんで気が強そうな香港人、奥さんの父親がオーナーのようです。

一般に中華系は女性が強く、カカア天下が多いようです。そう言えば先輩添乗員は台北の目抜き通りで浮気相手の髪の毛をひっぱり回して愛人の顔面を鉄の櫛で掻きむしって血だらけにしている奥さんを目撃しました。台湾、中国でもこういう時はわざと人通りの多い路上で決行することが多いようです。

「銀村、俺は絶対台湾の女とは結婚しないヨ」と恐れおののいていました。そう言えば台湾の男性ガイドも旅行中

「今〇〇にいて添乗員サンと一緒だよ」と、日に何度も台北の奥さんに電話をしていました。

中は入ってすぐ左がダンスフロア。キラキラとミラーボールが回っています。ハイヒールにビキニ姿のフィリピン人ダンサーが数人ガンガン鳴っているロッ

クに合わせて踊っています。先天的にフィリピーナはリズム感覚が良いのです。右側奥に我々の席がセットされていました。ガラステーブル席の上に茶色い木箱が置かれています。どうやら２人に一箱のようです。

「名前通りに座って下さい」と言われました。おかしなことを言うなあ。どこでもいいじゃないかと思った時ハッと気が付きました。箱の蓋に２人ずつメンバー全員の名前が英文で彫られていました。これでなぜ名前が必要だったのかやっと解りました。こんなことは初めてです。とてつもなく高いのではと一瞬嫌な予感がしました。箱の中にはセロファンで包まれたキューバ産の高級そうな葉巻が２本入っています。横にはシガーカッターとライターまで準備されていました。幹事さんの挨拶が済み、乾杯する段になりふと見るといつのまにか後ろにホステス達が立っていました。まるで忍者です。計16名がつきました。

全員横に大きなスリットが入ったチャイナドレスを着ているので座ると大きく大腿部分まで丸見えでセクシーです。何度も乾杯して踊り歌い大いに盛り上がって午前1時にお開きになりました。皆ホステスと共に出て行きました。支払いをして貰おうと幹事さんを探しました。あれ？　どこにもいません。メンバーと一緒に帰ってしまったのです。いくら何でも添乗員が全員の飲み代を払う訳では有りません。とりあえず請求書を見たら日本円換算で60万円でした。内訳にはホステスの連れ出し料も入っているようです。メンバーは皆招待で全て只だと思って一銭も払わず女性と出て行ったのです。嫌な予感が当たりました。ボーイに「ノーマネー」と言った途端、顔色を変えて奥へ引っ込みました。代わりに出て来たのは細身だがいかにも目つきが悪く凶暴そうな男2人。私の両腕をガチッと左右から掴み

「カネはどうするんだ！」と英語で詰問します。

「ホテルへ戻って幹事のカードで払う」と答えると

「じゃあ今すぐ取りに行こう」と両腕を持たれたままエレベーターで階下へ降りました。そこには既に車が待機しており後部席に3人乗り込みました。ホテルまでほんの10分、揺られながら

「ああ、これが拉致なのか。ヘタしたらこのまま海へドボンかも」と思ってい

ました。覚えているのは、クラブは高級でも迎えの車が日産サニーだったことです。てっきり黒塗りのベンツだと思っていました。ホテルに着いて幹事さんからカードを借りて再びクラブへ戻り支払いを終えました。当然帰りは見送りなしの1人旅でした。

どっと疲れが出て部屋で寝転がっていると幹事さんから電話。慌てた様子で
「銀サン、ちょっと来てくれ。トラブルだ。大変なことになった」
急いで駆けつけました。幹事さんと一緒にトラブルが有った部屋に入りました。クラブの女性を連れ込んだメンバーの部屋です。ツイン部屋なのでもう1人は気を利かせて下のコーヒーショップで時間を潰していました。彼がもういいだろうと部屋へ帰ったら相棒が居なかったのです。驚いたのはベッドの上が血だらけ、それも鮮血、結構な量です。刺されたのか？　凶器は見当たりません。もっと不思議なことは彼の服、靴、靴下も全部室内に残っていました。本人と女性だけが居ません。バス、トイレも探しました。窓の下も一応見てみました。やはりどこにも居ません。他に目についたモノはサイドテーブルの上にちょこんと座る十分

働いた様子の近藤武さんです。ちょっとしたミステリーです。

困った。これはもう警察案件じゃないかと思いました。しかし通報前に他のメンバーの部屋にいないか確認しようと廊下に出て最初に隣の部屋をノックしたら行方不明の彼がいました。バスガウンを羽織っておどおどしています。事情を聞いたら、コトの最中、女性に生理が始まりそれでも無理矢理続けたら女性が怒ってカネをひったくって部屋を出ていったそうです。それでカネを取り返そうと慌てて

「オイ、ちょっと待て!」とパンツ一丁で追いかけたところ、ドアが閉まりロックアウトされたそうです。電話もなくフロントにも連絡出来ません。そのまま彼は奇異な目で見る数人の客をやり過ごしました。そして隣の部屋をノックしてようやく中に入れて貰ったそうです。後から聞けば笑い話ですが最初その現場を見た時には血の気が失せました。

悪いコトはダブルでやって来るというのは本当でした。

花蓮

あれは……『台湾周遊5日間』のことでした。台中〜高雄と回って3日目は花蓮。アミ族の踊りを見学して夕食も終わり当日のスケジュールは全て終了しました。今回ガイドと私は夕食をセーブしました。なぜか？　ここに蒋介石も訪れたことがあるというワンタンの名店液香（イーシャン）が在るからです。夕食前にガイドにそのことを言うと

「なぜそんなローカルな店を知っているのか？」と怪訝な顔をされました。パソコンもネットも無い時代、大阪スポーツ新聞の小さな囲み記事を覚えていたのです。

夕食が終わりタクシーで10分。季節は夏、暗い夜道の右側、そこだけ煌々と裸電球が点いている店でした。店内は粗末なテーブルが10卓くらい、座るとこ

ろが綻びたビニールクッションの丸椅子が置かれています。ドアも仕切りの壁も無くオープンエア状態、すべて丸見えです。殆ど屋台と同じ。椅子は乱雑に置かれて客が勝手に動かします。裸電球に蛾が飛び回って電球にぶつかり鱗粉が落ちてきそうです。

（こんなにボロいとは……来なければ良かった。ガイドに悪いことをした）と後悔しました。しかし自分で言い出したことです。折角ここまでタクシーで連れて来てくれたガイドの手前、今更引き返せません。

イメージとして、二の腕を晒した太ったオバちゃん女将が大声で景気よく「２個餛飩，非常急！」（ワンタン２丁、大至急！）と叫び満員の店を仕切っているイメージでしたが店内は閑散として店全体がのんびりムード。バグダッドカフェの『Ｃａｌｌｉｎｇ ｙｏｕ』が似合いそうです。店奥で調理している痩せた人が店主なのか？　ガイドが台湾語でワンタン２つ注文しました。花蓮の方言は若干台北と違うようです。店内と外の境目ギリギリの場所にガイドと90度の角度で陣取りました。ガイドが

「この店のこと知っていた添乗員は銀村さんが初めてよ。ビックリシタネ」と言います。

「ジャノミチハヘビネ」と私も真似してぎこちない日本語で返しました。

「昼も休憩時間に檳榔（ビンロウ）を噛んでペッ、ペッと道路に真っ赤な唾を吐いているのを見てオドロイタヨ」と言います。そんなことをする添乗員は初めて見たそうです。私は何でも一応体験しないと気が済まないのです。それで随分失敗もしました。但し注意しないと檳榔は病みつきになります。檳榔は台湾の長距離トラック運転手が良く使う覚醒剤の一種。道脇の小さな店で目立つようにビキニを着たオネエチャンが売るのが定番です。

日本では輸入禁止のものが多く有ります。そのひとつが『ヴィックス・インヘラー』です。形状はリップスティック状で鼻から吸い込みます。ダメと言われれば尚更欲しくなり一度10本まとめて香港で買ったことがあります。今だと確実に捕まるでしょう。費用対効果は抜群、シャキッとします。蒸発しても効力は衰えません。匂いはナフタリンに近く眠気覚ましに最適です。

5分くらいでワンタンが出てきました。白いどんぶりに小ぶりのワンタンが10個ほど浮いています。スープは薄茶色で見た目は何の変哲もないただのワンタンです。ワンタンを啜って口の中に入れます。齧ると餡が破れて中に凝縮されていた旨みが一気に拡がりました。周りに浮いているネギだと思った白い野菜はセロリで少しの苦みが餡と凄く合います。このセロリがミソなのです。旨みが凝縮した餡と滑らかな皮、醤油味のスープとほろ苦いセロリのコンビネーション。四味一体の完璧な味、絶妙な旨さです。セロリ入りは初めてです。

「うーん、旨〜〜い」それしか言いようがありません。愛想の悪さも店の汚さも全て帳消しにするこの味。

「汚いけど美味しい」キタナトランの典型です。しつこくないしつこさ？とでも表現。ツルツル、スルスルと心太のようにいくらでも入ります。酢、胡椒とラー油を入れると味が弾けて一層風味が増します。はっきり言ってホテルの夕食より断然上です。私的にはワンタン＋ライスで十分。本当はこういう地元の庶民的な店で団体も夕食をとれば良いのです。しかし単品メニューと店のみすぼらしさからアウト。お客様からクレームがくるでしょう。しっかりワンタンを堪能して再びタクシーでホテルへ帰りました。明日はいよいよ台北です。宿泊は街中のJホテル。添乗員部屋は5階、非常口に近い部屋でした。明日の準備も終わり、風呂に入ってベッドに潜り込みました。

夜中、頭上に違和感を感じ目が覚めました。

（あれこんな近くに壁がある？　寝相が悪くて壁に頭をぶつけたのか？　いや待て、これは壁ではない天井だ！）目の前に天井が有ります。頭が天井に閊《つか》えてギリギリです。はっきりと天井の模様が見えます。地震で天井が落ちてきたのか？　それとも寝ぼけているのかと思いふと目を下にやると愕然としました。眼下に私が寝ています。人は自分の姿を生涯見ることが出来ないと言われます。手も足も見ることが出来、鏡もあるじゃないかと言われますがそこに写っている姿は本人が見る姿で他人が見るのと違っているかも知れません。だから人は永久に自分の姿を自分で見ることが出来ないのです。しかし今異次元の世界から自分の寝姿を上からはっきりと見ています。上から見ると、くの字で右向き、右手を伸ばして膝を曲げ、股に布団を挟んでいます。もう一度確認しましたがやはり同じです。

「目を開けろ、起きろ！」と叫びますが全く声が出ていません。確かに私は居ますが天井ギリギリをふわふわ漂っているだけで体が有りません。言うなれば頭の中身、意識だけが浮いているのです。死んだのか？　下へ行こうとしても浮力が強くてダメ。全くコントロール出来ません。

（何、何、何だ？　これは）完全にパニックです。体がないのに全身から汗がどっと出たような気がしました。なにしろ生まれて初めて体験する緊急非常事態です。

「どうする？　どうしよう。困った、困った」唯それだけです。この状況から逃れる術《すべ》を知りません。相変わらず天井付近をフラフラ漂って上下左右どこかへ行こうとしてもコントロール出来ません。

（ああ死んだら皆こうなってしまうのか。長いトンネルをくぐるというがこれからそうなるのか？　もう諦めるか⋯・・・）時間が経って少し冷静になろうと思いました。

（明日は台北へ行く日、チケットも団体リストも持参金も私が全部持っている。

添乗員が明日朝食事に来ず、チェックアウトもせずバスにも乗ってこない。それで部屋を開けたらベッドの上で死んでいた）となれば社始まって以来の大事件です。旅行はどうなる？　ガイドは上手く対応してくれるだろうか？　混乱の極みで色々考えました。ガイド宛てにメモを書きたい。しかし手が無く書く方法も分かりません。それにしても気持ちが悪い、一体いつまでこの状況が続くのか？　そしてこの結末はどうなるか？

（仕事はもう諦めて運命を天に任せるしかない。あ～もう、なるようになれ）と思い始めたその時です。突然渦巻が部屋の中に起き、ぐるぐると部屋中の空気が回りだしたと思ったら

「ああ～」と叫びながらくるくると渦巻く風の中を回転しながら腰付近へ吸い込まれるように入っていきました。……翌朝普通に目覚めました。浮遊していた時間は10分？　20分？　それ以上か？　解りません。しかし何が起きたか、それだけはハッキリ覚えています。あれは絶対夢なんかではありません。一刻も早くこの部屋から出たい。大急ぎで部屋を後にしました。そのことがあって以来、花蓮へは一度も行っていません。添乗を意図的に避けました。今でもその

ホテルの名を聞いただけで身震いします。国内にも2度と泊まりたくないホテルはいくつか有ります。大勢の人が泊まるホテルには何かしら不気味なことが有ります。帰国後、霊に詳しい人の話ではそのような時は世界中どこへでも瞬間移動出来るそうです。勿体ない？　そんな高等テクニック、私には不要です。それより元の体に戻れて無事に帰国出来て本当に良かった。唯々それだけです。

ふ〜〜。

ソウル

　一時期ＴＶのワイドショーに朴前大統領の親友・〇順実（〇スンシル）の名前が頻繁に出てきました。韓国語で実はシルと発音するようです。その名前を見ていたらある１人の女性を思い出しました。それが姜仁実（カン・ニシル）です。バブル真っ最中。某自動車メーカー営業成績優秀者の報奨旅行がありました。行き先は韓国。当時は今のように反日ではありません。ＪＡＬ利用３泊４日の旅行。３日目昼食は仁川の海鮮料理。蛸の踊り食いや新鮮な刺身に舌鼓をうちソウルに戻ってきました。一旦チェックインして休憩。あとは夜のお楽しみ妓生（キーセン）パーティです。勿論私も業務上参加します。ロビーに再集合してホテルを出たのが19時。その頃から体が熱っぽく悪寒がしていました。

　現在妓生パーティは存在していないようですが別の形、システムで存続して

いるのでしょうか？　長い間行っていないので分かりません。今では考えられませんがソウルからの見積書に正式なオプションとして有りました。パンソレットに『夕食は妓生パーティでお楽しみ下さい』と堂々と記載されスケジュールに入っていました。私自身が作成していたので間違い有りません。昔から韓国にはそのような土壌が有りました。

閑話休題。店名は忘れましたが立派な門構えの店でした。長い廊下を歩くと左に日本庭園が広がっています。ここがソウル市内と思えぬほど静かでした。板張りの宴会場に既に白いビニールのテーブルカバーが掛けられた2列のテーブル、その上に人数分の料理が並びます。全員薄い座布団に座りました。するとママさんが大声で何か言ってパンパンと手を叩きました。それを合図に原色の派手なチマチョゴリを纏った妓生達が一斉に小走りで入ってきました。ところどころに金銀のラメが入ってキラキラと照明に反射して輝きます。まるで蝶の大群が来たかと見間違えるくらいです。一気に座が華やかになりました。彼女達は予め決められていたのかお客さんの横にさっと座ります。気に入らねばチエンジしてもいいと事前に聞かされていますが本人を目の前にして、「チェンジ！」と言う場面は今まで一度も見たことがありません。妓生が揃ったところで乾杯、宴会が始まりました。

　少し経ってから私の横にすっと一人の妓生が座りました。

「ワタシ、カン・ニシルです。ヨロシク」と舌足らずな日本語で挨拶します。正式な「仁」の発音は違うのかも知れませんが私にはそう聞こえました。もう時効だから言いますが当時の東南アジアでは男性添乗員に現地旅行社が女性を付けるのが当たり前でした。言わば添乗員の個人添乗員です。と言うより半強制的に割当てるのです。特にフィリピン、台湾、韓国にはこのサービスが有りました。はっきり言えば一種のハニートラップです。添乗員が払うのは僅かなチップだけ。しかし後日その現地旅行社が日本にセールスに来た際、それが無言の圧力と贖罪意識？　で次の仕事を発注せざるを得なくなります。当時業者を決める立場にいた私は途中で（これは危うい）と気付き、それ以降、相手のメンツを潰さぬよう『体調が悪い』等理由を付けて断っていました。無理な時は

最低でも自腹を切ることにしました。

話は違いますが、台湾の接待では、専務と名が付く人は大抵添乗員の接待係兼飲み相手、遊び相手です。大抵どこかの旅行社を渡り歩いてきた人間か定年退職者で肩書だけの専務です。インテリで日本語も堪能、教職関係が多かった気がします。夜な夜な今日はY旅行、明日はJ社の添乗員と飲み歩きます。結果肝臓を悪くして大体３年で引退していきます。

閑話休題。料亭の宮廷料理は日本の会席料理を真似たのか、一品当たりの量は少なく皿数だけ多くなっています。いつも新鮮な魚を食べ慣れている日本人には大して美味しくありません。一番違和感があるのは金属製のご飯茶碗、箸と薄っぺらのスプーンです。これでご飯を食べ、水キムチをすくうのですがなぜか金属の味がして美味しくありません。丁度チョコを食べていて包装の銀紙を噛んだ時のような感覚です。実際微妙に電流が流れるようです。パーティでは自分の手を使うことなく全て妓生が口に運んでくれます。歴史は繰り返すと言いますから、将来私も老人ホームでこのように食べさせて貰っているかも知れません。あと嫌なのは妓生が立膝をすることです。長い間空手をやってきて正座が当たり前の私には何となく小バカにされたような失礼な態度に見えます。それが韓国の文化だと理解はしているのですが。

妓生の起源について信憑性のある説を紹介すると……起源は高麗時代にまで遡ります。百済遺民が水尺（スチョク：高麗の太祖王健が百済を攻めた時最後まで抵抗して屈服しなかった為鴨緑江に追放された人達）を各官に割り当てて奴婢としました。召使兼奴隷のような存在です。奴は男、婢は女です。婢の中から見目の良い、特技ある者を選抜して化粧をさせて飾り立て、歌舞を習わせたのが「高麗女楽」それが妓生の起源と言われています。よって妓生はある程度美人で教養があり楽器も演奏出来る女性しかなれませんでした。

日本で言えば、江戸時代の花魁と同じです。誰でも花魁になれる訳ではありません。それなりの下積み修行、教養と立ち振る舞い、美貌と人気、性格も良くて先輩花魁の引き立てが無ければ到底なれません。もうひとつ花魁は客を選べます。勿論カネを持っている大旦那ばかりです。当然他の遊女より性病にかかる率も遥かに低かったようです。一般庶民にとっては絶対的な高値の花でした。余談ですが花魁が吉原内を歩く方法外八文字は締りの良い下半身を作る為、又語尾に付ける『ありんす言葉』は東北出身者が多い花魁がうっかり自分の方言（～だべ等）を喋るのを防ぐ為だとも言われています。きっとそうでアリンス！　洗髪後もリンス？　これは嘘。

宴たけなわでバンドも入ってカラオケも始まりました。宴会が終わるころ相手の妓生が気に入ればママさんから各妓生に客の部屋番号が知らされます。誰があぶれたか誰が指名されたか一目瞭然、お互いがライバル、完全な実力社会です。指名されなければそのまま帰るだけです。私はと言えばもう体がどうにもならず遂にダウン、途中でそっと宴会場から抜け出しました。帳場がある事務所のビニール床に倒れ込むとママさんがそっと薄い毛布を掛けてくれました。そして何も食べていない私に体に良いからと真っ黒な胡麻粥を丼一杯作ってくれました。一口食べたら吐きそうになりました。折角ママさんが作ってくれたのですが初めての味でとても体が受け付けません。吐き気、腹痛、発熱、症状から食中毒らしいと自己判断しました。急性大腸炎かもしれません。横になりながら（添乗員になったばっかりにこんな酷い目に遭ってしまった）と後悔しました。遠くにカラオケの音を聞きながら眠ってしまいました。後で判明しましたがその時点で団体の半数が少し調子悪かったそうです。しかし一番酷かったのはなぜか添乗員の私でした。思いは早くホテルへ帰りたい、そして空港へ、自宅へ。一刻も早く時が過ぎて朝にならないか。唯、それだけを祈りました。これ程切実に帰国したいと思ったのは初めてです。

「そろそろ宴会が終わります」とガイドに揺り起こされ真っ青な顔でバスに乗り込みました。幸いなことに皆これからの期待感で添乗員のことなど眼中にありません。ようやくホテルに着きました。幹事さんに挨拶を済ませ自分の部屋に猛ダッシュです。猛烈な腹痛と下痢、悪寒がして便座から立ち上がれません。こんな非常時になぜか『風邪にベンザ』なんて親父ギャグを思い出してしまいました。体の中のものが全て出ました。それ以降は壊れた水道の蛇口状態です。

（このまま脱水症状で死ぬかもしれない）と思いました。少し落ち着いたので立ち上がり掛け蒲団を頭から被って横になりました。いつまた腹痛が襲ってくるか分かりません。一度マニラのハイアライ競技場前で屋台のお粥を食べて食中毒になり外気温40度近い中、ホテルで分厚い毛布を3枚も被ってブルブル震えていたことがあります。その時よりも遥かに危険で深刻な状態でした。

小一時間ほど経った頃、コンコンと誰かがノックします。（この非常時に、一体誰？）お客様かも知れないのでふらつく体でやっと立ち上がりノロノロと歩きドアチェーンを掛けたままそっとドアを開けました。そこには宴会場で置き去りにしてきたあの妓生・姜仁実が立っていました。今とても妓生どころではありません。

「今日は体調が悪いから帰って」

「シッテル。ワタシ、ママサンカライワレテキタ。コノママカエルトママサンニシカラレル」どうやらママさんから指示されたようです。心配して寄こしたのか仕事にあぶれたから寄こしたのか分かりません。それはそうです。私に付かなければ今頃他の客で普通に稼げたのです。添乗員に当たった妓生は外れクジを引いたのと同じなのです。少しは日本語を喋れるようです。それにしてもアジアの水商売の女性達は本当によく（必要悪？　とは言え）日本語を勉強しています。（ここで私は思います。果たして日本のＯＬが韓国語をマスターして仕事後に夜クラブで韓国人観光客の相手が出来るのか？）恐らく１人も出来ません。会話も出来ず、愛想笑いだけでは指名なんてとても無理です。それを思えば韓国の妓生は何と逞しいのだろうと。彼女達は皆、頭と体を使って懸命に稼いでいるのです。

閑話休題。立っているだけでも辛いので彼女を中に入れました。もう話す気力も体力もありません。ベッドで死んだ魚のようにただ横たわるだけです。しかしそれからの彼女の介抱は見事でした。ベッドとトイレを往復する私を微塵も嫌がらず世話してくれました。看護は以前入院した医療センターより上かも知れません。交替無しの１対１ですから当然です。あの頃の妓生は昼間事務員や美容師などの職に就いて、夜妓生として働く女性が沢山いました。彼女は昼間本当に看護師をしているのではないか思うくらい献身的でした（今思えば看護でなく介護でした）水を飲ませ、額に冷たいタオルを乗せ、体をさすり、トイレに行く度にふらつく私の体を嫌な顔ひとつ見せず
「アナタ、ダイジョーブ？　ダイジョーブ？」と励まし支えてくれました。何よりこの部屋に私1人でないということが精神的に大きな支えになりました。救急車を呼ぼうかと思いましたが入院、点滴でも明日どうしても団体を連れて帰国しなければなりません。兎に角このまま何とか持ち堪えるしかありません。結局2人共一睡もせず朝を迎えました。朝食は当然キャンセル。荷造りを終え朝食クーポンを彼女に渡しました。別れ際彼女は何か言いたそうにしていましたが多めのチップを渡し、礼を言って後ろ髪を引かれる思いでドアを閉めました。もう少し一緒に居たかった……特に私が病気で弱気になっていたので尚更そう思ったのかも知れません。

　当時日本人が妓生と結婚した、中小企業の社長が妓生に入れあげて会社を潰したという話を時々聞きました。彼女達の本気かと思わせるほどの態度ではさ

もありなんと思います。もしこれが演技なら大したプロ根性です。本当に騙される？　男の気持ちが良く解ります。空港からやっと家に着きました。当時まだ健在だった母が私を見て

「あんた、どうしたん？　その顔」と驚きました。鏡を見たら青白い骸骨、全くの別人でした。僅か一晩で体重３kg弱減ったのですから当然です。

　これが姜仁実との思い出です。その後韓国へ行くチャンスは無くいつの間にか忘れていました。今回○順実が何度もＴＶで取り上げられるので彼女を思い出してしまいました。僅か一晩の看護。偶然の出会いと人生の一瞬の交錯。彼女は果たして今幸せなのだろうか、お孫さんがいるお婆ちゃんになっているのだろうか、どこで何をしてどういう人生を送ったのだろうかと思うと少し切ない気持ちになります。

フィリピン1

マニラの空港に到着、入国審査～税関へと進みます。ここはどうしても私の団体が一番に出なければなりません。荷物を受け取り私は団体の先頭、左手でパスポートを税関係員に見せ、右手で係員と握手します。彼はパスポートを一瞥して私に返します。

「ＯＫ，ノープロブレム」と叫んでニャッと私を見ます。私も頷き「サンキュー」と一言。そのまま団体を引率して出口に向かいます。団体の手荷物チェックは一切無くフリーパスです。振り返ると後方に同じ便で来た大手Ｊ社の団体がいました。20代の若い添乗員は新人らしく真新しい背広に新品の旗を持っています。我々が素通りしたので楽勝だと思っているようです。彼がパスポートを見せて通り抜けようとしたその時、先ほどの係官の表情が一転、

「スターップ。ショウ　ミー　ユア　バッゲージ！　オープン、オープン！」

と一転不機嫌に怒鳴っています。フリーパスだと思っていた彼はオドオドして怪訝な表情で鞄を開けました。しかしこれはまだホンの序の口でした。添乗員が終わると次のメンバーも鞄の中身を全部出されて全く前に進みません。巻き舌でハーバー（港）をハルバルと発音する独特なフィリピン英語、最初はとても理解出来ません。団体メンバーはイライラして不満顔です。彼等を先にすると大変な時間が掛かることが私には最初から解っていたんです。Ｊの添乗員は『なんで俺達だけ？・前の団体はなぜスムーズにいったのに？・』と理由が解らず外へ出ようとする我々を遠くから茫然と見つめていました。税関では通常団体客はフリーパス。しかしここマニラの税関では少し違います。パスポートを左手で税関係員に見せながら右手で握手した時、20米＄札1枚を手中に仕込んで置いたのです。彼はすぐに気が付きチラリと私を見ました。そして素早くポケットに入れました。

「ＯＫ！　ノー・プロブレム、ハブ・ア・ナイス・トリップ！」とニコっと笑いました。私も相手の目を見てコクリと小さく頷きました。阿吽の呼吸です。勿論渡す相手は責任者（ｐｅｒｓｏｎ ｉｎ ｃｈａｒｇｅ）でなければなりませ

ん。当時マニラの空港職員の平均月収は１５，０００～２０，０００円足らず、そこへ20＄（当時約３０００円）は月収の20～15％に相当し大変な金額です。フィリピン初添乗のＪ社の添乗員は全くそのことを知らなかったのです。小さな失敗でも出だしからこれだとお客様の信頼を失います。だから私たちはどうしても彼等より先に通関しなければならなかったのです。全てが日本基準で動く訳ではありません。ウラ技も時には必要です。

「時は金なり」ならぬ

「金は時なり」です。Ｊ社は組織が大きく賄賂という出費項目欄が無かったのかもしれません。こういう場合はあっさり自腹をきればいいんです。こんなことはマニュアルには載っていません。賄賂は『ｐａｙｏｆｆ』ですがこの場合は『ｍｏｎｅｙ ｉｎ ｈｉｓ ｈａｎｄ』でしょうか？

　添乗員をしていれば嫌でも裏の世界の人間と知り合います。兎に角フィリピンはおカネさえあれば何でも出来る場所でした。殺人？　さえも。噂では１０0万円で請け負ったら、下請け、下請けで最後は数万円になるそうです。一瞬その額なら当時社員に暴力を振るっていたバカ役員を連れて来ようかと思いました。

私はハッキリモノを言うせいか日本人より外国人とウマが合いました。日本的な根回し、ゴマすりや忖度は苦手です。それで出世コースから完全に外れていました。また楽しからずや！　夜は積極的に外出してマニラの夜を探訪しました。１００ペソ（当時１ペソ＝30円で３，０００円）もあれば十分飲み食い出来ました。勿論事前にスタッフに確認して紹介してもらった店しか行きません。外国で知ったかぶりをすることほど危険なことはありません。カミソリをポケットに忍ばせている人間もいるのです。私が仲良くしていたスタッフの紹介で反社会的な人達とも知り合いました。ひとつ共通していることは表でも裏稼業でも皆とても家族に優しく、大切にしてコネを最優先させることです。こちらがどんなに正論を言っても
「彼は身内だ」の一言。そこから先は無いのです。これは今でも変わっていません。

当時マニラには日本人専用クラブが沢山ありました。空港でバスに乗り込むと、ホテルへ行く前にガイドが
「今すぐクラブへ行きましょう」と言います。
「どうして？」と聞くと
「早く行かないとイイ女が居なくなってしまいます」と言うほどでした。

ある時クラブで女性の選択も終わりホテルへチェックイン。ロビーでチーフスタッフの相沢氏と打ち合わせをしていました。傍らにはいつものようにクラブの遣り手チーママのジャスミンが座っています。チーママと言っても彼女はまだ30才、浅黒く目が大きくてコケティッシュな顔。さぞかし昔は売れっ子だったろうと想像させます。今は現役を引退して女性達を仕切っています。マニラでは30才を超えると途端に指名が減り一線を退くようです。それでなくとも若い人が多いのです。
相沢氏、ジャスミンと雑談している時、相沢氏がいきなり

「ところで銀さん、今晩コレはどうする？　小指を立てて聞いてきました。
「……」黙っていると
彼は突然
「そうだ！　ジャスミンはどうですか？」と手をポンと叩いて言います。ヘタな田舎芝居！　バレバレです。最初から全て打ち合わせ済みなんです。ジャスミンを見ると満更でもない表情でこちらを見てニヤニヤしています。ここは初めての女性より顔馴染みで気心の知れたジャスミンが良いかと思い
「ＯＫ。それで構いませんよ」と言ったら彼女は嬉しそうにウインクします。彼女は久しぶりに現役に復帰出来ることが余程嬉しいのかウキウキしていました。

市内観光中、団体の中のある社長が１人の警察官に向かって
「その薄いベージュ色の制服はカッコいい。売ってくれないか？」と冗談半分で言ったところ、何と即
「ＯＫ！　ノープロブレム」だと。早速着替えて帽子からズボンまでどこからみてもリッパなフィリピン国警察官が誕生しました。日本では考えられません。

無いのはピストルと銃弾だけです。これも買おうと思えば別のルートで買えるそうですが肝心の日本への持ち込みは出来ません。

「社長、流石にその恰好はヤバいですヨ」と忠告しました。しかし最終日その会社社長はそのままの服装で空港へ来ました。

なぜそれをワザワザ着てくるのか？　理解に苦しみます。イミグレーションで案の定

「その制服はどうした？」と尋問されました。あたり前です。

「お前はバカか！」と突っ込みたくなります。しかしここでもカネで解決したようです。売った警察官は署に紛失届を提出して同じものを貰います。上司もグルでこの警察官からリベートを貰い、空港係官もカネになります。何のことはない国家公務員の制服販売ビジネスが確立しているのです。全てがこんな感じで麻薬も同じと推察しました。金額から見ても当然麻薬が本業でしょう。随分いい加減な国と思うと反面、私にとっては

「皆人懐っこくフレンドリー。カネさえ有れば何でも出来る国。何となく居心地がいい」のです。英語も何とか通じますし規則で縛る日本社会より私の性に

合っていました。コネとカネで動く社会。それで上手く回っているのです。当時の日本人男性が多数フィリピンを訪れた気持ちが良く解ります。マルコス元大統領のイメルダ夫人は未だに人気が有り、ハワイから帰国した時はマニラ市民から大歓迎を受けました。フィリピン国民にはあの時代に対する郷愁的な特別な感情があるのではないでしょうか。

フィリピン2

一時期フィリピンへは頻繁に行きました。それだけ需要が有りました。一般のツアー以外にも地方空港からＪＡＺ（日航系）チャーター便で何度も遺族会の慰霊ツアーに同行しました。地元の県からは海軍へ行った人達が多くレイテ島沖等で多くの人が海底に眠っています。慰霊の際はボートを出し船上から花束を投げ入れます。船が出せない場所は丘の上の慰霊塔で読経してお供え物を供えて慰霊します。

「お父さ〜ん、お兄さ〜ん。遂に来たよ〜」と泣きながら大声で海に向かって叫びます。その姿を見ているとこちらも目頭が熱くなります。その後遺族達も齢を重ねて遺族会自体の存続が難しく慰霊ツアーは中止になりました。

当時のランドオペレーターはＧＴＣ。東南アジアのいい加減なオペレーターが多い中この会社はいつも完璧な手配をしてくれました。フィリピン女性と結婚した名物男相沢氏が毎回全責任を持ってチーフとして同行、仕切ってくれました。彼はフィリピンのインフレを気にして当時銀が含まれていると言われた1ペソ銀貨（当時30円）を沢山貯めていました。彼なりにインフレを危惧していたのです。現在1ペソ＝2円。ペソは実に40年間で15分の1の価値になりました。隔世の感です。

２０１９年訪日したドゥテルテ大統領は「なぜフィリピンがこんなにも貧しく発展出来ないのか解らない」と記者会見で正直に吐露しました。過去のアメリカ統治の弊害、賄賂社会、巨大財閥の寡占、楽天的な身内第一主義等複数の事柄が理由だと思います。

相沢氏が集めるべきは1ペソ銀貨でなく金貨でした。スイス政府は国民の生活防衛の為に資産の10％を金現物（ゴールド）で保有することを国民に推奨しています。日本はなぜ推奨しないのでしょうか？　米ドルに唯一対抗出来るのがゴールド。インフレでもデフレでも、混乱の極みに最も輝くのがゴールドです。もし20年前からゴールドを国民に買わせていれば今頃国民は相当リッチになっていました。日本国民がゴールドの保有を増やすチャンスは有りました。天皇陛下金貨を出した時です。より儲けようとバカな小細工（混ぜ物）をしました。その結果が偽物の出現です。最初から純度９９．９９％の八咫烏金貨（私の命名）を出すべきでした。今からでも令和金貨を出すべきです。この名目で堂々とキンを輸入出来ます。ダメならメープルコインを買うべきです。国民がゴールドを保有することイコール国富の増加です。政府の信用が失墜した時、１万円札や米ドル札はただの紙キレです。

欧米人は狡猾です。一例を挙げるとシンガポールを統治していたイギリス人は警察官をインド系にしました。そして彼等に取り締まりをさせ自身は表に出ないで恨まれぬようにしていました。欧米と日本の植民地に対する考え方と統治方法は全く異なっていました。欧米諸国は単にカネを搾取するだけ、それに対して日本はその国の社会を根本的に差別無くクソ真面目に日本化しようと教

育をはじめインフラを整備するなど真摯に取り組みました。それが礎となって韓国と台湾が発展しました。同じ統治をしてもある韓国は未だに敵対的で難癖をつけ、台湾は感謝の意を表して統治時代の建築物も大切に保存しています。この差は一体どこから来るのでしょうか。真の歴史が解り、今までの教育が嘘だとバレれば精神崩壊して反日どころか韓国の根幹が揺るぎます。もうお人好しの日本はやめてモノ言う日本になるべきです。

閑話休題。その慰霊場所はフィリピンの北部の都市バギオからさらに車で山奥へ入ったアトックと言う場所にありました。狭い道をバスでギリギリまで行きそこから小型車に乗り換えて下車、徒歩30分（記憶が曖昧です）のところです。本当に辺鄙な山の上でそこは直径10ｍ位の広場になっていました。周囲を見渡すと遥か下に海が見えます。よくもまあこんな場所に慰霊塔を建てたなと思います。と同時にそれ以前の数十年前にこのジャングルに日本軍がいたという事実が驚きです。他県からの慰霊団の線香やロウソクなどが散乱していました。

お供え物を捧げ心得ある団員が読経します。フィリッピンの強烈な日差しがジリジリと照り付ける中線香の匂いが広がり読経の声が周囲に響き渡ります。ふと気が付くといつの間にか20人ほどの子供が我々を取り囲み一挙手一投足をジッと見つめています。皆薄汚れたTシャツと半ズボン姿、裸足や上半身裸の子もいます。ようやく読経が終わりました。我々がその場所を後にしようとしたその瞬間、子供達がワッと一斉にお供え物に殺到しました。そのあまりの勢いに思わず後ずさりしました。単なる見物かと思っていましたが違いました。日本人が何度も慰霊に来ているので日本人が何をして、何を置いていくのか皆良く知っているのです。子供達にしてみれば滅多に口に出来ない日本の美味しいお菓子をゲットする千載一偶のチャンスです。その中で子供達が全く興味を示さず持ち帰りもしないモノがひとつだけ有りました。それはパックの切り餅です。彼等はこれを食べ物と思わず石鹸だと思っていたのです。学生時代空腹に耐えかねて石鹸を齧った私がいました。味は辛くてとても食べられたモノでは有りません。老婆心ながら。

その晩はバギオ・テラスホテルに宿泊しました。ホテルはその後地震で倒壊。宿泊施設が不足していた時代には皆山中でテントに泊まりました。昔慰霊に来た遺族は真夜中に軍刀を下げた血だらけの日本兵がテントの外立っているのを目撃したそうです。

同じく慰霊ツアーでレイテ島に行った時のことです。レイテ島はマッカーサー元帥が「I shall return」と言って去り、戻ってきた場所です。我々の団体がマニラへ帰ろうとした時ゲリラが出没、道路が封鎖されて外出禁止になりました。予定変更で同じホテルに連泊せざるを得ませんでした。ここは最悪でした。ゲリラのせいか停電、水洗トイレも機能せず、エアコンも勿論ダメ、気温40度の中糞臭がホテル内に充満しました。おまけに出てくる食事は毎回全て同じ、脂っぽいチキンの唐揚とライスだけ。食材料が道路封鎖で来ないのです。ロウソクの灯りのもと無理矢理パラパラのご飯と共に口に押し込みます。時折パン、パンという乾いた銃声が聞こえてきます。ここの女支配人はクレームを付けても『一切聞きません』という態度。経営者の愛人ではないか

と思いました。ヤル気、責任感ゼロ、レストランでギターをポロンポロンと弾いてニヤニヤ笑っているだけです。寧ろ『外にはゲリラ、寧ろこのホテルに滞在出来るだけ有り難く思え』と言わんばかりの態度でした。こんなホテルに連泊です。一刻も早くマニラへ帰りたいと切に思いました。

翌日ようやく道路封鎖が解除されてマニラに帰ってくることが出来ました。宿泊はマニラ湾に面する最高級ホテル・フィリピンプラザ。当時飛ぶ鳥落とす勢いのマルコス大統領のイメルダ夫人が実質的経営者とも言われていました。前のホテルが最低だっただけにここは天国でした。しかしホテルは一流でも中で行われていたことは最低でした。白人の大男が嬉々として6，7才位の女の子2人を部屋に連れ込むのを目撃しました。ペドフィリア（児童性愛者）です。自分の国で出来ないことを金に飽かせてやっていたのです。ボーイも見て見ぬふりです。

このホテルには2つの思い出があります。

ひとつは支配人です。チェックイン後、理由は解りませんが支配人が日本人添乗員にぜひ会いたいと言ってきました。１５０名の遺族団体の添乗員に興味があったのかと思いました。ホテル中層階の支配人室に行きました。ドアを開けると広い部屋です。クーラーでキンキンに冷えています。大理石の床に分厚い絨毯、遥か彼方15ｍ奥に横５ｍ位のマホガニー製の大机があり、その椅子の背にそっくり返っている支配人がいました。支配人と言っても歳は30才前後、私とあまり変わりません。多分マルコスの親戚筋、コネでその役職に就いているのだろうと推測しました。どうも内容や人間性よりも、外見つまりその部屋、こけおどしで人間性を保っているように思えました。入り口から自分の机まで距離を置くというのは日本でも成り上がりの社長が好きな手法です。相手に威圧感を与え自分を特別な存在に見せる常套手段です。自分に自信がないからそうするのです。尤もそれくらいでビビる私ではありません。相手の目を見て真っ直ぐ近づきました。机の前まで来て立ち上がった相手と
「ハロー」と握手しました。やせ型で色白。その時驚いたことには、彼の手は全く赤ちゃんのように柔らかくホチャホチャ、マシュマロのような感触でした。

いつも空手で指立て伏せをしていた私の武骨な手とは段違いです。わざと力を入れてぎゅっと握り途中でストンと力を抜きました。彼は一瞬ギョッとした顔で私を見て慌てて手を振りほどきました。生まれてから一度も鉛筆と紙より重いものを持ったことがない手。一切の金銭的、精神的な苦労を知らず肉体労働なんか全く関係の無い手（ああ、これがフィリピン上流階級の人間の手か。こんなにも柔らかい手が存在したのか）と強く印象に残っています。こんな手をした人間に人生で初めて会いました。30分程話しましたが、相手が一方的に質問をして私が答えただけです。その時の会話の内容は全く覚えていません。と言うことは大した話はしなかったということです。覚えているのはその手の感触だけです。戦争中彼の祖父母や父母から聞いたマニラを蹂躙した日本軍の末裔に自分の地位、権力を見せつけたかっただけかも知れません。その後の政変で彼はどうなったのか？　マルコス大統領の親戚や系列会社の役員は莫大な財産と共に海外へ逃亡したと聞きました。

ふたつ目はスパです。このホテルのスパにはサウナが有りました。4日間汗

と垢でドロドロになった身体をリフレッシュしようと早速出かけました。サウナ室には誰もおらず一人占めです。温度は低めでいつも１２０度の高温サウナに入っている私にはちょっと物足りないものでした。それでも20分くらい入って汗を絞り出し中央の直径８ｍ位の円形プールに勢いよくザブンと飛び込みました。深さは２ｍくらいで背が立ちません。シュンと筋肉が一気に締り今までの疲れが一気に流れていきました。誰もいないと思っていましたが欧米系の白人女性が数名入っていました。しばらく浸かっていると、金髪女性がこちらを指さしサウナの従業員に向かって何か叫んでいます。勢いよく飛び込んだのがいけなかったのか？　従業員がこちらに走って来て早口で「キャ、キャ、キャ」と何か叫び私に白い布を放り投げました。何を言っているのか理解出来ません。広げてみるとそれはやや大きめのパンツでした。ハッと周りを見ると女性の肩に紐が見えます。そうです、皆水着を着ていたんです。その中で私1人だけスッポンポンでした。日本のサウナ風呂と同じ感覚で水風呂に飛込んでしまったんです。大急ぎで水中でパンツを履きそそくさとプールを出ました。焦ってプールの縁に両手を掛けてヨイショとあがる時にパンツがずり下がって半ケツ状

態になりました。後ろから見られたかも知れません。ほうほうの体で退散しました。物陰から見ると先ほどの女性たちがこちらを指さし何やら言っています。「あの恥知らずの変態野郎！」とでも言っているのでしょう。弁解も否定も致しません。事実は事実！　私が『変態野郎』です！　不幸中の幸いは……彼女達は私が日本人だと判らなかったことです。

入口、サウナと脱衣所が男女別で真ん中の円形冷水プールが男女共用施設だったんです。昔の日本の露天風呂と同じシステムでした。大・大失敗。その後このホテルは買収されてソフィテル系列になりました。

フィリピン3

　マニラのビジネス街の一角のビル。エレベーターで昇ります。ついた事務所で三谷君に

「ヨォ」といきなり声を掛けました。彼は口をあんぐり開けて私を見ています。

　彼は高校時代最初に仲良くなった同級生です。そのきっかけは、入学式当日、私は長時間立っておれず貧血で倒れました。当時スリムというより骨皮筋衛門と呼ばれていました。体重48kg、血圧は上70～下40mgの超低血圧、検診時に看護師が何度も計り直して首をかしげていました。保健室に案内された時先客が居ました。彼も倒れていたのです。それが三谷君、偶然にも同じクラスでした。

高校卒業後私は関西の大学へ、彼は実家が郊外でお互い車もなく何となく音信不通になってしまいました。そして数年後連絡を取ってようやく再会出来ました。それまでお互いに就職や仕事で相手のことを気に掛ける余裕が全くなかっ

たのです。

彼は卒業後名古屋の自動車整備学校で2年間学びそして故郷へ戻って自動車整備工場で働いていました。毎日薄暗い３Ｋの工場で油まみれになりながら車の下に潜り込んでいました。私は当時営業だったのでちょくちょく彼のところへ顔を出し

「マニラはいいぞう、面白いぞう」と会う度に面白おかしく話をしていたのです。彼は私の話を聞いてこの３Ｋ工場でこのまま一生を送るのが段々嫌になってきたようです。彼なりに心機一転現状を打破したいと思っていたようです。ある日突然彼は自動車修理工場を辞め東京の五稜自動車海外サービス部門に就職しました。それを聞いた時唖然としました。ひそかに応募して入社試験を受けていたのです。良く途中入社出来たと思います。入社後3年でアラブ首長国連邦へ赴任し、そして遂に待望のマニラへ赴任したのです。

早速会いに行くことにしました。そしてようやくマニラで再会することが出

来ました。考えてみれば私の一言が人生を大きく左右したのです。果たしてこれが良かったのか悪かったのか？　兎に角私がその引き金を引いたのです。運命だったと言えばそれまでですが不思議な巡りあわせです。彼が勤務するのはマニラ五稜自動車の子会社カルーバンカンパニーです。探して彼のいるビルに着きました。逸る気持ちを押さえエレベーターのボタンを押します。廊下で会社のプレートを見つけました。かなり広いオフィスです。数名の女性事務員と男性社員がいます。クーラーが効いてヒンヤリしてマニラのオフィスビル独特の匂いがします。多分消毒液の匂いでしょう。（もし貴方が添乗員なら）エアコンがガンガンに効いたホノルルのバスの中の匂いと同じと言ったら解ってもらえるでしょうか。遠く奥に窓を背にして書類をチェックしている彼を見つけました。会うのは本当に久しぶりです。受付の前をスッと横切りスタスタと彼の前へ行き

「ヨォ」といきなり声を掛けました。これが冒頭部分です。

行くとは言ったがまさか会社に直接来るとは思っていなかったようです。

「よく場所が分かったな」と言いました。仕事中だったので夜一緒に食事をする約束をしてすぐに帰りました。夜、彼が言うには秘書のルビーナが

「私を無視していきなりボスのところへ勝手に行った」と怒っていたそうです。ここはアメリカの影響でビジネスも全て米国式です。訪問は必ず秘書を通さねばなりません。そんな場所で彼女を無視して私が日本でやるように直接ボスに話し掛けたことが許せないのです。仕事の査定は全てペーパーの量で判断されるのでどんな些細なことでも文書にして上司に提出します。日本なら

「あれやっといて」

「はい分かりました」という簡単なやり取り、一行でもA４用紙にタイプします。そしてこれが仕事の実績、査定に繋がるのです。三谷君は

「こんなことばかりやっているからフィリピンはダメなんだよ」と諦め顔でした。彼のアパートはビラIと言うマンション。前任者の住処か？　全て会社が手配したようです。1階に小さなサリサリ（コンビニ）が有り上の階には当時四和銀行詐欺事件で逃亡中の容疑者が住んでいました。

　驚いたのはキッチンにディスポーザー（排出口に丸いブレードが有り、その

鋭い歯が回転して固い骨などを粉砕して流すことが出来る機械）が設置されていたことです。そんなものを見たのは生まれて初めてです。ここだけは先進国？でした。これもアメリカの影響です。

彼には当時アンナと言う彼女がいました。どこで知り合ったのか分かりません。彼女はバツ1、男の子1人を持つシングルマザーでした。後年彼が日本へ帰国する時、アンナは

「結婚して私を日本へ連れてってって」と強く迫りました。それで遂に彼も年貢を納めました。有名なバンブーオルガン教会での結婚式、披露宴は彼女の出身地の田舎の村で行われました。村人達も参加し裸足の子供達も周囲を取り囲みます。お祝いのご馳走、口から肛門まで棒で貫かれた豚の丸焼きが目の前にドーンと出てきた時はさすがの彼もビビったそうです。彼女にしてみれば離婚後子供を抱えて貧しい暮らしをしていたのが突然リッチな？　日本人と出会い千載一遇のチャンスと見て絶対に彼を手離したくなかったのでしょう。一般的に日本人が外国人と結婚する場合は相手のレベル（家庭環境等）が低い人が多いよ

うです。特にフィリピン女性は日本人と結婚して家族へ仕送りすることが最大の親孝行になります。彼は日本の給与はそのまま。その他海外勤務手当が支給されていたので生活は楽でした。さすが天下の五稜です。

彼には運転手付きの車が1台与えられていました。専属ドライバーの名前はエドガー。フィリピン人特有の褐色の肌と白い歯、笑顔が人懐っこい痩せた男。往年のフィリピン人名ボクサーフラッシュ・エロルデ（知っているかなあ？）に似ています。頭をオールバックでコテコテにしていました。私が車に乗る度10米$チップを上げていたら三谷君から
「そんなことをするから銀村に懐いて俺の言う事を聞かなくなってしまった」
エドガーは朝いつも
「ギンムラサンは今日いつ車に乗るのか?」と聞いてくるそうです。毎回10米$渡す私はエドガーにとっていきなり出現した真夏のサンタクロースでした。滞在中1日を使って当時開発中のプエルト・アスールというマニラから小一時間の新興リゾートへ行きました。ここはマルコス大統領の肝いりで別荘地とし

て開発されました。施設はまだ一部工事中であちこちに建設資材が転がっていました。ビーチホテル横のプールで彼と一緒に撮った写真がまだ手元にあります。スペイン語でプエルト・アスールとは『青い港』と言う意味です。帰路タガイタイで椰子の殻に入ったアイスクリームを食べてマニラへ帰りました。

しかし考えてみれば私の一言で彼が退職して東京へ行き、中東で勤務、そして遂にマニラで再会出来ました。こんなことが実際あったんです。私の言葉は彼にそれほど強い影響を与えました。勿論彼には独身＋実行力＋決断力という3条件が有ったからこそ可能でした。果たしてこれが良かったのか、悪かったのか？　ワッカラナーイ！　運命とは本当に不思議です。彼は任期が終わって帰国。家族3人で東京へ戻って来ました。その後しばらく会社のメールアドレスで連絡を取り合っていましたが退職後行方不明になりました。茨城県に一軒家を買ったと聞きましたが会社に問合せしても個人情報保護の理由で教えて貰えません。現在電話番号も住所も分からず再び音信不通になってしまいました。

バンコク・パタヤビーチ

バンコク

　ラジャナムダン・スタジアムで、希望者を連れてリングサイドでムエタイを観戦しました。ムエタイとはタイの国技タイ式ボクシングのことです。パンチ、キック、肘打ち、膝蹴りが許される危険な格闘技で賭博でもあります。高いリングサイド席にいるのは金持ちか外国人ばかりです。リングの周囲ではゴミが散乱して鼻にツンとくる消炎剤の匂いが充満して殺伐とした雰囲気。リング上でピンピンしていた選手がリングを下りた途端に崩れ落ちる様子や足を引きずる選手を見て驚きました。試合中それだけ気が張っているのです。賭けに熱中して大声で怒鳴る客やケンカも多く、TV中継では分からない場面を目撃しました。試合は5ラウンド制です。1，2ラウンドは様子見、3，4ラウンドが勝負です。勝っている方は5ラウンド目では軽く流します。スポーツであると同時に賭博なのでこういう戦い方をします。観客達は選手の状態を見て賭けます。ギャーギャー五月蝿いのですがそれもストレス発散になります。正面に何か赤いランプが点いているなと思っていたらＴＶカメラのランプでした。我々が座ったリングサイド席が生中継のＴＶカメラの真正面でした。観戦に行かなかったお客様が部屋でＴＶを見ていて
「キミ達がＴＶ画面の中央にずっと映っていたよ」と報告してくれました。

パタヤビーチ

日本人詐欺グループが日本へ電話を掛けていた場所、それがタイのパタヤです。

ビーチでムエタイのシャドウをしている若者を発見しました。話し掛けると時々パタヤのリングに前座として上がっているそうです。トランクス１枚のその体は身長１７５ｃｍ体重60ｋｇの引き締まった体、腹筋は見事に割れています。私が

「空手をやっている」と言うと一瞬彼の眼が光り、「軽くスパーリングしないか?」と言われました。添乗中に危ない誘いです。しかし断ると『日本人がビビった』とか『カラテが逃げた』と言われます。当時私も血気盛んな30代のイケイケドンドン。上半身裸になり挑戦を受けることにしました。

しかし最初の交差後、すぐに（これはヤバイ）と思いました。道場でも相手と対峙した時すぐに勝ち負けは解ります。それ程鍛錬とは厳しく正直なものです。砂浜で足場が悪いので前羽の構えをとって腰を落としました。鋼のような硬いスネ。鍛錬で砂袋を蹴っていてもスネとスネが当たると、皮膚の下に筋肉が無くいきなり鉄棒という感じです。こんな感覚は初めてです。彼の戦い方は左ミドルキック主体で左膝と右パンチという対角線の攻撃、こんなに硬い足ならキックだけで十分、パンチは不要です。小手先の技術ではとても防げません。負けることが解っていて戦うことぐらい虚しいものはありません。肉を切らせて骨を断つしか有りません。頻繁にくる左ミドルに合わせて右肘を打ち下ろします。ガスッという骨と骨がきしむ音と衝撃がきます。しかし彼は平気な顔でキックを続けます。（痛くないのか？　効いてないのか？）その間にも左右のパンチと肘打ちがきます。いくら手加減していると言っても何回かは当たります。時間の経過と共に私の右肘は真っ赤に変色、右脇腹もミミズ腫れです（どこが軽いスパーリングかよ！）彼はニヤニヤ笑いながら細かくリズムをとって余裕の攻撃です。さすがに顔面、頭部だけは拳で殴りません。手指を鍛えていないムエタイ選手はグローブが無ければ指を骨折するからです。相手の左ミドルに合わせて相手の右膝を内側から蹴る、頭を掴まれ膝蹴り、両手をクロスして防ぎ甲を踵で踏みつける超接近戦。必死で手加減の余裕など有りません。左ボディも打ちましたが懐が深くてダメージを与えられません。相手の欠点が見当たらず私の攻め手が無くなりました。ゴングも無くルールを決めないこんな戦いはお互いの理性と平常心だけが頼りです。どちらかがキレた時点で凄惨なことになります。イザとなったら目突きやバラ手も……と、頭の片隅にありました。日本人同士なら『今日はこれぐらいで』となりますが、毛色の違う外国人相手では止めどころが分かりません。

いつの間にか水着を着た20人ほどのギャラリーに取り囲まれていました。欧米人もいます。２人の荒い息遣いだけがシュッ、シュッ、ハア、ハアと周りに響きます。ちょっとした『日本ＶＳタイ』の代理戦争です。完全アウェイ状態で日本人は私１人。何回かの攻防のあと、一瞬空中で角度を変えた私の左上段回し蹴りがアゴにヒット、彼がグラつきました。これがキッカケで左ミドルキックの攻撃が一段と強く激しくなりました。私の右肘とスネはもうボロボロ、なぶり殺し状態です。周りからは互角に見えたかも知れませんがダメージは遥かに私の方が大です。首を持たれヒネられて砂浜に倒されました。相手をコケにするムエタイ独特のコロガシ技です。歓声が上がりました。クソッ、汗だらけの体に砂がべったり付いて屈辱的な姿になりました。もうこれ以上はとても耐えられない……しかし負けたくない。その時左ミドルキックに合わせて右金的蹴りが無意識に出ました。グッと言う声と共に彼はエビのように体を丸めて前のめりに崩れ落ちました。慌てて彼に駆け寄り

「ソーリー、ソーリー。イッツ・アン・アクシデント！」と偶然を装いました。

しかしルールは何も決められていなかったのです。あと1分もちませんでした。これが私に残された最後の手段。スポーツの試合なら完全に私の負けでした。ボロボロの体、それでもカッコ付けて日本語で言ってやりました。

「今日はこれくらいで勘弁してやるよ！」

呆気ない幕切れでギャラリーからパラパラとお粗末な拍手を貰いました。地方の名もない前座選手でこれです。日本人がバンコクのラジャダムナンやルンピニーのリングで勝つのは至難の業。否そこに到達するまでが大変です。去っていく彼の後ろ姿を見てホッとしました。

パタヤはバンコクから車で2時間半のリゾート。パタヤと言えばビーチと歓楽街そして沖合にあるコ・ラン島が有名です。船に乗って島に上陸、海でマリンスポーツを楽しみ海鮮料理を食べて帰ってきます。因み

に『コ』の正確な発音は『ゴッ』です。コはタイ語で島、だから日本語のコ・ラン島は正確に言えば『ラン島島』となり2重表記なのです。

ラン島へ行く途中で船を停めます。そして船頭が海水を半分ほど入れて栓をした瓶を10ｍ先の海に投げ入れます。それを客がライフル銃で撃つ危険な隠れオプションです。添乗員は黙認します。船頭の貴重な小遣い銭稼ぎなのです。船と瓶双方が揺れているのでなかなか当たりません。そんな中、お客様の1人70才を超えるお爺さんが狙いを定めパンと撃つと何と百発百中、気持ちいいほどカシャ、カシャと音を立てて瓶が破裂します。元自衛隊員かと話を聞くと、戦争中、中国で狙撃手（スナイパー）をしていたそうです。どうりで上手い訳です。彼が言うには弾が命中すると
「遠く離れていても、バスッと肉や骨を切り裂く音がはっきり聞こえる」とのこと。こんな表現は実際に人を撃った人でないととても言えません。独特の感性です。

ジャンルは違いますがショパンの言葉

「ピアノは手首で呼吸しなければいけない」と同じ。極めた人にはその人だけの特別な景色が見えるのです。日本に帰ればニコニコと孫の世話をするような好々爺が数多くの修羅場を踏んでいました。今の屁理屈ばかりで貧弱な若者なんかメじゃありません。日本にはこんな老人がまだ沢山います。今の時代なら完全に殺人犯ですが戦争では殺せば殺すほど賞賛されます。お客様ですから流石に何人殺したのかは聞けませんでした。それはそうとこんなにも多くの瓶が割られて海中に沈んでいるのならとても危険で下はガラスの破片だらけです。当時タイばかりでなくアジアでは目先のカネのためなら環境破壊なんて平気でした。

もうひとつの思い出はオカマショーで有名なアルカサール（スペイン語で城）スペイン語のZは濁らないのでザールではなくサールが正解。夕食が終わっても添乗員の仕事はまだ続きます。打撲のダメージは時間経過と共に腫れて青黒くなります。夜、痛い体を引きずりながらお客様をアルカサールへご案内しました。オカマは2種類、正統派の綺麗なオカマとコミック系の不細工なおカマです。これ以外の種類は分かりません。或る先輩添乗員はホテルに連れ込んだ女性が男だと分かり慌てて追い返しました。それほど本物の女性と見分けがつきません。

入り口で数名のホステスが出迎えてくれます。1人の背が高く目がパッチリ、鮮やかなブルーのロングドレス姿の女性が近づいてきて親しげに抱きついてきました。香水の匂いがキツイ。（誰？ 誰？ こんな人知らないよ）……良く見ると何と昼間のムエタイボクサー！ 化粧してカツラも付けていたので全く分かりませんでした。彼はオカマとムエタイの二刀流でした。こんな美人に変身するのか？ 彼は笑って

「お前の肘打ちでスネが痛いよ」と言いました。（ヤッパリ効いていたんだ！）少し溜飲を下げました。あやうく自信喪失になるところでした。ショーの内容は良く練られていて次から次へと観客を飽きさせないプログラムが続き楽しめます。

ショーとショーの幕間にコミックショーが始まりました。舞台で笑わせ客席

に降りてきました。見ていると1人の不細工なオカマが客席を回り始めました。厚化粧をしたデブオカマです。一瞬嫌な予感がしました。どうやら私をTC（添乗員）と目ぼしを付けてド派手な羽センスを扇ぎながら一直線にこちらに来ます。ムエタイの彼が何か指図したのか？　TC用のバインダーを持ち一人だけネクタイ・Yシャツ姿で胸にネームプレートまで付けているんですからTC以外の何者でもありません。私の前まで来て両手でガバッと頬を挟み分厚い唇を近づけてきます。咄嗟に顔を左に反らせましたが右頬にブッチューとやられました。10㎝くらいの真っ赤なキスマークが付きました。お客は我らの添乗員がヤラレタとヤンヤの喝采です。お客様が喜んでくれるなら我慢します（泣）ショーが終わりました。ホテルに帰って急いで顔を洗いましたが特殊な顔料なのかなかなか落ちません。ついに薄紅色の頬のまま帰国しました。当時アルカサールは小さなシアターでしたが今ユーチューブで見ると随分立派な劇場になっているようです。

インド

社内で事務を執っていると

「銀村サン。カウンターに変な人が来ている」と女性社員が言ってきました。失礼な物言いです。行くとまさしく色は褐色の弾丸房錦（古い！）、牛蒡のように細い男が立っていました。それがサイでした。本社がニューデリーにある旅行会社の人間です。彼は北から南へ順に1人で旅行会社をセールスに回って今日ここに来たそうです。丁度お昼時だったので最上階の社員食堂へ誘いました。トレイに好きな惣菜を取りレジに並ぶシステムです。彼はさすがに目立ち皆にジロジロ見られます。おそらくこの食堂に入った初めてのインド人でしょう。

私もインドに興味が有り一度は行きたいと思っていました。もっと話を聞きたいと夕食に招待しました。普段手に入れることが出来ない現地の生情報を得る絶好のチャンスです。日本語は全くダメ、それでも日本で１人飛込み営業をしている彼に驚きました。夕食は彼の好みが分からないので具を選べるお好み焼にしました。彼はシーフードを選びました。

「もし騙されてヒンズー教徒が牛肉を食べてしまったらどうなるのか」と聞くと、

「騙されて食べた場合は大丈夫だ」と意外に柔軟です。勿論全員がヒンズー教徒ではありません。ヒンズー教80%、イスラム教14%、その他６％です。ホテルもまだ決まっていなかったので街中のＨホテルを予約しました。当時ＡＤ（エージェントディスカウント）を利用して１泊５，０００円で泊まれたのです。国内外の取引先が来た時に紹介して喜ばれました。もうひとつここを選んだ理由は、地下に温泉浴場が有ったからです。彼にぜひ日本の風呂を体験して欲しいとの想いからです。

私も付き添って一緒に大浴場へ行きました。私が見本を見せるように先に脱いで入りました。湯船に浸かっていると引き戸を開けて彼が恐る恐る周りを見ながら入ってきました。タオルをどう持っていいのか分からず端をもって長くブラブラさせています。５人いた日本人客は一瞬ギヨッとして彼の顔を見、それから皆一様に視線を下げて股間を見るのです。どうしても異人種のモノが気になるようです。先にシャワーを浴びるように指示しました。いよいよ入湯です。湯船に足を入れました。彼は一瞬顔をしかめ

「ホット、ホット！」と叫んでいます。どうやらこんな熱いとは思わなかったようです。私は

「これが日本の風呂だ！　我慢して入れ」と言うと彼は歯を食いしばりゆっくりようやく首まで浸かりました。暫く２人で並んで浸かっているとようやく熱さに慣れたのか

「銀村サン、ワタシ生まれて初めてこんな大きな風呂に入ったヨ。インドではいつも水のシャワーばっかりだった。気持ちイイね」インドにはこんな大きな風呂は無いようです。どうやら日本の風呂が気に入ったようです。

（日本語で書いていますが会話は全て英語です）

翌日、彼に
「安ければ検討するよ」と地上費の見積もりを依頼しました。コースは大阪発のインド航空利用、途中バンコクでストップオーバー（立ち寄り）３泊５日の『デリー、アグラ、ジャイプール５日間』のトライアングルコースです。暫くして彼からファックスで地上費の見積もり書が送られて来ました。やはり直手配なので日本のオペレーターより一人頭３，０００円ほど安いものでした。30名で計９０，０００円のコストダウンです。丁度社にパソコンが導入された時期で返事をメールで送りましたが、本当に相手に着いたかどうか不安でファックスと電話で再確認していました。今なら笑いぐさですが当時はこんな感じでした。

もう少し値切ろうと交渉を始めたところ、それまで温和だったサイは豹変しました。兎に角狡猾、値段を下げてと言うと絶対彼は自分から数字を言いません。
「銀村サンはどう思う?・」と必ずこちらから先に数字を言わせようとします。成

程これが世界に名だたるインド商人かと思いました。ニコニコしていてもカネが絡むと一切妥協無し、まるで親の敵かと思うくらいです。最後は1円単位の攻防でした。と同時に、北朝鮮がなぜしたたかな外交が出来るのかを考えました。担当者がそれを長く専門にすることと一歩間違えれば粛正されるという背水の陣で仕事をするからです。命を失う危険が無く頻繁に交代する大臣、官僚とは最初から覚悟が違うのです。

何とか交渉がまとまり、募集で30名弱集めました。1回目なのでコースチェックを兼ねて私が添乗です。自分が行きたい場所へタダで行けて知識、見聞を広めることが出来る。社員冥利に尽きるとはこのことです。デリーで彼に会えると思っていましたが、丁度その時彼はヨーロッパ出張で不在とのことでした。こういうところはやはり日本人と違いビジネスライクです。

初めてインド航空に搭乗しました。私の席は丁度CA（スチュワーデス）のジャンプシート前です。目の前は瓜実顔の日本人CA。多少機材は古く感じましたがインド人ＣＡの制服はサリー姿でなかなかムードあるものです。しかし果たしてこんな姿で給仕が出来るのかと思いました。この杞憂はすぐに現実となりました。大阪を出てから2時間ほど経ち、お茶の時間になった時です。大きく機体が揺れ私の上にポットの熱湯が私のズボンの上から掛かりました。思わず

「アッチイ！」と悲鳴を上げ、慌ててシートベルトを外してズボンを引っ張り皮膚と布との間に空間を作りました。トイレに駆け込みチェックすると右側の大腿が真っ赤になっています。大急ぎで濡らしたペーパーで冷やしました。10分後、席に戻ると先ほどのインド人ＣＡが床に跪き両手を合わせて泣きそうな顔で

「ソーリー、ソーリー」と謝罪します。アメリカなら訴訟で何百万ドルも慰謝料を請求出来る案件です。それは彼女も解っているようです。私は憮然とした表情で、

「ノープロブレム」と。彼女はその瞬間、安堵の表情を浮かべました。

こんなハプニングもありましたが無事デリーに到着。最後の荷物チェックを

終え、ガイドを探しました。あれ？　いつもならスッ飛んでくるガイドが見当たりません。おかしいなと良く見ると１人壁に寄りかかりこちらをジッと見てニヤニヤしている人間がいます。多分彼だと近寄り、
「ガイドか？」と聞くと
「ＹＥＳ」とひと言。どうやらジッと私を観察していたようです。まったく嫌なヤツ。当時のデリー空港は暗くマニラの空港同様、雑然、混沌としていました。空港からホテルまでは30分ほど、チェックインしてようやく一息つきました。全員チェックイン後、ガイドと一階のレストランで明日からの打ち合わせをしました。

２日目朝出発。中型のバスは運転席が客席と区切られており客席だけが冷房が入り運転席には入りません。気温40℃下でよくやるなと思います。尤も彼もガイドも気にしている様子は無くこれがカースト制度の残滓かと思いました。州？　の境界毎に検問所があり通行料が徴収されます。面白いのは物乞いで熊を連れた子供がいました。熊を立たせて客からチップを貰います。所変われば

品変わる。あとしつこいのは小さなシタールに似た楽器売りです。少しでも興味を示すと次の観光地に先回りしています。最初5，000円で現地の物価から考えて法外な値段です。最後の観光地でバス出発直前に1，000円にまで下がりました。それでもまだ高い。しかし3時間余り付きまとわれても結局買わず。彼の舌打ちが聞こえてきそうでした。

旅行スタイルはやや日本と異なります。観光途中のお昼頃、ホテルに一旦チェックイン、荷物をホテルに預け、昼食を摂って休憩して午後3時に再び観光に出発します。夕食後も観光を続けてホテルに帰るのは午後10時です。暑いのでこのようなスケジュールになっているのでしょうか。

翌朝アグラを出て驚きました。道の両側に人々が一列に並んでしゃがんでいます。朝のトイレでした。これだけの人数が並ぶと壮観です。皆左側に小さな壺を持っています。左手でお尻を洗います。だからインドでは左手は不浄の手。握手も必ず右手です。ガイドに

「左利きの人はどうするのか」と聞いたら笑って誤魔化されました。レッド・

フォート（赤の宮殿）で一枚の写真を撮りましたが、1人の女性の首が写っていませんでした。初めて撮った心霊写真です。

3日目ジャイプールの夜。夕食後、ホテルの温いプールでパンツ一丁になって泳ぎました。火傷した股間を少しでも冷やす目的もありました。明日は新旧デリー市内を観光して夜行便で帰国するだけです。ここまで予定通りコースをこなし一番リラックス出来る時間です。気温も下がり心地良い風も吹いています。デッキチェアに寝転がり月を眺めれば最高のシチエーション。いつも携行している尺八をプールサイドで吹奏しました。流石に下着姿でという訳にはいかず腰にバスタオルを巻きました。曲は月に因んだ哀愁溢れる曲『慷月調（こうげつちょう：月に嘆く曲）』です。たまたま横にいたお客様が月をバックに写真を撮ってくれました。

「インドで日本の尺八を聞くとは……」と100％想像もしていなかったハプニングに喜んでもらえました。

後にサイが結婚する時、招待されましたが流石に遠く辞退しました。どんな初夜を迎えたのか冷やかしに電話すると、ひと言「Ａｌｌ　ｉｓ　ｏｖｅｒ！（全て終わった！）」との答えでした。結婚パーティは招待客数百人、３日三晩続いたそうです。現在あの痩せて牛蒡のようだった彼はふくよかな中年男になりました。子供は男の子が１人。現在ラインとＦＢで繋がっています。せめて中間地点のバンコクくらいの距離なら遊びに行っても良いのですが……もう長い飛行時間には耐えられません。

　現在彼のＦＢを見るとインド旅行業界では少しは名を知られた存在になったようです。日本語が全く出来ないのに１人で日本をセールスに回った初心をいつまでも忘れないで欲しいナ。

シンガポール１

行く前のシンガポールは長い間（一体どんな所だろう。一度は行ってみたい）と思っていました。理由は父が「あそこは良い所だった」と事ある毎に言っていたからです。パスポートも取ったこともない父がどうしてシンガポールのことを？　と不思議でしたが、それは戦争でした。

戦争中、父はインドネシアのボルネオ島のジャングルにいました。或る日同僚兵士と天秤棒を担いで土砂を運んでいた時、上空からアメリカ軍戦闘機の機銃掃射を受けました。その弾が天秤棒を一緒に担いでいた前の兵士の肩に命中、必至に彼を塹壕まで運びましたが出血多量で亡くなりました。僅か２ｍで生死が分かれる非情な世界。もしその時父が被弾していたら私やそれに繋がる一族郎党は、今影も形も無かったのです。それを思うと運命の偶然、不思議さを考えずにはおられません。

熱帯雨林のジャングルの中マラリアにかかって生死の境をさまよい、ガリガリに痩せ細り、蛇やカエル、なめくじ、トカゲを食べて辛うじて命をつなぐ過酷な日々。ボルネオ島の日本兵１１，０００名の内死亡者４，７００名、実に死亡率43%。しかし正規の戦闘訓練を受けた者はわずか３，３００名だけで父はその他の要員だったようです。詳しいことは分かりません。戦争のことは話したくないようでした。国の指導者が間違えればこうなるという最悪の見本です。

最後日本は原爆2発の実験場になってしまいました。地形の異なる場所での2回の核実験とデータ収集、アメリカはドイツではなく黄色人種の日本に落としました。全て予定通り。まんまとしてやられました。アメリカ人はいつか日本に復讐されるのでないかと今でも思っているのかも知れません。

父は灼熱のジャングルを13ｋｍの脱出行、やっとボルネオ島東海岸のパリクパバンまで来ることが出来ました。そこからシンガポールへ移送されました。それまでの体験があまりにも過酷だったので、終戦ということもあってシンガポールが余程良い場所に感じたのではないでしょうか。そこから船で帰国しました。父がインドネシアにいた3年間に書き溜めた大量のスケッチは脱出行の途中で失われました。今手元に残っているのは僅か数枚だけです。

ある年末、私はシンガポール添乗が決まっていました。そのことを言うとやはり、

「あそこはいい所だ」と言いました。その時何かを感じて直前に添乗を代わって貰いました。その直後、父が亡くなりました。最後まで父とシンガポールは不思議な縁で結ばれていました。

シンガポール2

『職業に貴賤は無い』とか『人種差別はいけない』と言うのはキレイ事で嘘です。私は欧州で何度も差別されたのでハッキリ断言します。差別が少ないと言われる北欧でも人々の心底には差別が確実に存在していました。差別と解った時の感情は悔しくてとても口では言い表せません。

勿論日本びいきの人もいます。スウェーデンで同棲して居た時、彼女の祖父母の家に遊びに行きました。お爺さんはなぜか異常に私を大歓迎してくれました。福祉が充実していても老夫婦だけの平凡な毎日に飽きていて刺激が欲しかったのかも知れません。そこへ現れたのが初めて見る日本人の私です。おざなりの歓迎か心からの歓迎か、それくらい私は見抜けます。一緒にお茶を飲み楽しい時を過ごしました。お爺さんは上機嫌で

「次に車を買う時は絶対日産ブルーバードを買う」とまで断言しました。私にすれば、彼が乗っているボルボの方が余程いいのにと思ったことです。他に覚えているのは

丁度ＴＶで日本映画をやっていました。題名は『豚と軍艦』（１９６１年今村昌平監督）、長門裕之と吉村実子が主演の白黒映画です。セリフは日本語のままでスウェーデン語の字幕が下に出ます。映画のセリフをそのまま日本語で言うと皆大喜びでした。

シンガポールの目抜き通りオーチャードロードの「クラブパピヨン」で旧知のホステス、エリザベスが見えないので

「彼女は?」と聞いたら

「辞めてＣＡ（客室乗務員）になった」と言われて驚きました。確かに彼女はエキゾチックで彫りが深い顔立ちの美人でした。クラブホステスの方がアルバイトだったのかも知れません。しかし日本でクラブホステスがいきなりＣＡになる例はそう多くないでしょう。

当時シンガポールではCA（客室乗務員）職は日本の認識と違いました。あるCAはチャンギ空港でシンガポール人の母親が子供に向かって彼女を指差し、「ボーヤ、勉強しないとあんな風になっちゃうのよ」と言われたそうです。たまたま重いキャリーバッグを引っ張っていた彼女を見て、子供を戒める為にそう言ったのかも知れません。今はどうか分かりませんが当時はウエイトレスと同義でした。

日本のような島国と国境を他国に接している国とではその国民の外国に対する意識は全く違います。日本人にとって海外は特別な場所で海外へ行くパイロットやCAは現在でも特別な目で見られ憧れの職業です。島国や途上国ほどこの傾向が強いようです。地方の旅行会社でも未だに『海外へ行かせてやる』式の変な意識を持っている会社があります。ガイドに丸投げする海外旅行よりきめの細かいお世話が必要な国内旅行の方が添乗員にとって遥かに大変なのです。その意味で日本はまだまだ途上国かも知れません。私はCAより看護師や保育

士がもっと尊敬、優遇されても良いと思います。

日本の航空会社の英断は契約ＣＡを正規社員に昇格させたことです。一番の理由はモチベーション。これが下がるとサービスも低下します。元々能力差は無かったのです。『非正規を正規に』と言っている間に現実は仕事が出来る非正規が主流になりつつあります。自己啓発を怠り世の中のトレンドに気付かぬ正社員はいずれ淘汰されるでしょう。

シンガポール3

シンガポール政府観光局とタイアップして『シンガポールの夕べ』を開催しました。当時の集客と景気付けにル・クプルと言う2人組のミュージシャンを呼びました。フランス語でカップルという意味です。それ迄ル・クプルが何者か全く知りませんでした。本当はスマップが良かったのですが非常識と言われました。私は芸能界に疎くごく最近まで歌手のイルカを男性だと思っていましたし、大黒摩季もダイコクマキと呼んでいたくらいです。

観光ブローシャの配布、シンガポール政府観光局日本支局長の挨拶、シンガポールの紹介ビデオ上映、ル・クプルの歌、往復航空券の抽選と滞りなく進み無事終了しました。当時のシンガポール政府観光局日本支局長は40代の小柄な女性で日本人男性と結婚して東京に住んでいました。彼女の妹夫妻も彼女に帯同して観光に来ていました。妹さんのご主人と名刺交換しました。インド系で身長１９０ｃｍ、細身で色黒、インド系の大男です。彼の名刺を見て驚きました。泣く子も黙るシンガポール金融管理局の副局長でした。金融立国シンガポールの最重要部門、そこのＮＯ．２です。傘下には政府系ファンド会社ＧＩＣとテマセクが有り莫大な資産を運用しています。彼は海外で出会った中で一番高位の人間でした（事故さえ無ければローマ法王に会えました）日本人はＮＯ．２や副部長、副局長と聞くとバカにしますが海外ではＮＯ．２が実権を握っていることが多いと聞きました。北朝鮮もそうです。部長の後ろからついてしっかりチェックしているのです。だからＮＯ．２と小バカにしていると後で後悔することになります。

シンガポールの唯一の弱点は水でマレーシアから輸入しています。国土も狭く産業も少ないので金融が生命線です。それで教育に力を入れると同時に絶えず世界中から優秀な人材を集め続けています。起業にも様々な優遇措置がとられています。シンガポールの官僚は結果を出さねば即交代かクビです。どこかの国のように国民の血税を何兆円も溶かして責任をとらずノホホンとしている人達ではありません。公務員も一回試験に合格したから一生安泰なんて笑止千万。法改正でクビにして民間の優秀な人材を採用すれば良いのです。

シンガポールでは小学校の卒業試験の成績で将来が決まります。競争は熾烈で一旦脱落すればそれで終了です。リベンジのチャンスは有りません。トップクラスの一部が奨学金を貰って海外の一流大学へ留学出来ます。卒業後、政府系機関や企業へ入ります。彼は金融界で実質ＮＯ．１のエリート中のエリートでした。一度現地ランドオペレーターに彼の名刺を見せたら目を見開き、

「これはどうした?」

「なぜ彼の名刺を持っているのか?」

「彼とどんな関係か?」としつこく聞かれました。たった一度名刺交換しただけなのに。現在彼は引退して政府の公営マンションで優雅な年金生活をおくっているでしょう。シンガポールでは一戸建て住宅は国民にはとても無理でもっぱら富裕層及び外国人の投資専用です。それでも6世帯に一世帯は1億円

以上の資産を持っているのです。

彼に日本風の温泉が有るホテルを薦めましたが「どうしてもネット環境のあるホテルが良い」と言われ東急ホテルを紹介しました。当時日本ではＷｉｆｉはおろかネット接続出来るホテルは殆どありませんでした。今なら理解出来ますが当時なぜ彼がこんなにネットに拘るのか不思議でした。彼は仕事上本国と頻繁に連絡をとる必要が有ったのです。その意味でシンガポールのインターネット事情は日本より10年進んでいました。シンガポールはリー一族の独裁国家と言われます。だからと言って一概に悪いとは限りません。優秀な独裁主義はクダラナイ民主主義より余程マシなのです。国が小さいので間違っていると思えば即朝令暮改、政策の決定も早く、全てがスピーディーに進められます。しかし私の性格なのかこんなキメキメのシンガポールよりいい加減でユルユルのフィリピンの方が何となく居心地が良くて好きなんです。

ナンシー

　１９８９年10月ヨーロッパツアーの途中でナンシーへ立ち寄りました。何しに？　日本の楽団（ＯＥＫ）の演奏会をツアーの途中で鑑賞する為です。ナンシーはパリ東駅から列車で1時間30分の距離、人口10万の町。出発前に現地のツーリストから

「公演のチケットが団体人数分どうしても手に入らない。添乗員が現地で何とか30枚買ってくれ」と連絡がありました。それで私にお鉢が回ってきたのです。以前も、ソウルのホテルがオーバーブッキング発生と同時に一緒に行くことになっていた上司が

「ワシャ、行かん」と急にキャンセルしました。責任を回避する人間ばかりです。楽団は既に他社扱いで出発済みでした。

ナンシーに着いてから地元の新聞社レスト・レピュブリカン社を表敬訪問しました。休日で輪転機も止まり社員もいません。そこに居たのは社長と女子事務員1名だけでした。入り口に立食用テーブルが設置され、チーズとワインのささやかなレセプションが開かれました。輪転機は日本のものに比べれば規模も小さくオモチャのような機械です。ヨーロッパの地方新聞社は大体皆こんな規模のようです。回覧板的な記事、地方の下世話な話や出来事がメインです。社長自らオフィス、印刷現場を案内してくれました。私はと言えばそんな説明より一刻も早くチケットを手に入れたくて頭が一杯でした。町の雰囲気は良く、芸術の町と呼ばれるだけあって格調高い建築物も沢山残っています。ホテルは外見、内装共アールヌーボー調です。窓からは石畳の広場を見下ろせます。

昔マリー・アントワネットも泊まったという由緒あるホテルでした。私の部屋は残念ながら彼女の泊まった部屋ではありません。バスルームの壁は趣あるタイル、そして猫足タブです。ところが古くガタがきていて窓から隙間風が入ってきます。空調も効かず10月なのに寒くてしょうがありません。この時ほど快適な日本の普通のビジネスホテルが恋しいと思ったことはありません。

早速ホテルを出てチケットを探しました。夕刻までに見つけねばなりません。公演のポスターは何枚か見掛けましたがチケットはどこにも売っていません。会場、街のプレイガイド、案内所やキオスクにも行きましたが全く有りません。そうしている内に夜になり遂に開演時刻が迫ってきました。

「ええい、もうなるようになれ！　行き当たりバッタリで行く」と開き直って団体を連れて劇場へ向かいました。劇場へ着くと何かおかしい？　チケット売り場も何もなくドアは開けっぱなし皆スイスイ入っていきます。会場を見て唖然としました。観客は３割程度、ガラガラでした。ジーパンスタイルで足を長く伸ばしたヒッピー風の若者もいます。フォーマルな恰好をした人間は一人もいません。皆普段着で吉本新喜劇を見に来た雰囲気です。逆の立場で考えれば良く解ります。日本の地方都市でフランス人が邦楽演奏会をすると言っても海のものとも山のものとも分からず

『どうせたかが知れている』とわざわざ見に行きません。地元の人間は小さい時から伝統ある一流の音楽に触れ造詣も深く所謂聴く耳を持っているのです。カ

ネを払う価値が無いと思われているから無料なのです。クラシックやバレエのチケットは欧米では驚くほど安いのになぜ日本だけがベラボウに高いのでしょうか？

完全無料の演奏会でチケットなんか最初から存在していなかったのです。それを日本で大騒ぎしていたのです。市民にすれば『折角、遠い東洋の島国から楽団が来たみたいだからチョックラ覗いて見ようか』という程度です。兎に角皆無事に入場することが出来ました。印象に残っているのは指揮者の方が体調悪く公演後椅子の上でぐったりしていたことです。精神的に疲れました。ＯＥＫの名誉の為に言いますが現在はメンバーも相当替わり、技術も向上して場数もこなして遥かに上達したと聞きました。

フィジー

『５月連休、地元発（仙台経由）フィジー初チャーターツアー』

買い取り席数は１５０、リスク分散の為他社へ50席渡しました。当社は１００席でホテルを３軒に分けました。３月に募集してから僅か一週間で完売しました。こんなことなら最初から全部自社で売れば良かったと後悔しました。他社もあっという間に完売。良い時期に良い企画なら必ず売れます。仙台で再度客を乗せ満席でフィジーへ向かいました。

フィジーもベトナムのダナンと同じく海辺のリゾート地区と町が有ります。町を探訪するならリゾート地ナンディより町のスバが断然お薦めです。今回の宿泊はコテージがある海辺の高級リゾートホテルＳでした。ひとつ失敗したのは他社がクルーズ込みのプランで販売、対して私はフリープランをメインにクル

ーズをオプションにしたことです。イザ船を予約しようとしたら全て予約が入っていてシマッタと思いました。船の定員が少ないのです。

出発前あるセールスから一人の客のことを頼まれていました。曰く
「この客はどうしてもフィジーの女を抱きたい」とのこと。
「お付き合いしたい」などとキレイ事を言わず単刀直入です。寧ろ『その意気や良し？・』です。昔からその国を知るにはその国の女性を抱くのが一番とも言われます。無下に断ると帰国後
「あの添乗員は感じが悪かった」とクレームが来ます。理由は関係ありません。
サービス業に従事している人間に対して
「感じが悪い」と言うのは意地悪で客にとっては都合良くズルイ言葉です。どんなに完璧な仕事をしても少しでも気に食わない事があると最後その言葉でクレームをつけます。そしてその一言で全てがパーになる陰湿ワードです。通常こういう要求には直接タッチせずランドオペレーターに丸投げしますがガイドもいつまでも居る訳ではありません。時間が来て帰りました。約束は『午後8

時Ｓホテルロビーで赤系統の服を着て待っている』それだけです。行き掛かり上知らんふりは出来ません。

午後８時になりロビーの真ん中に立ち睥睨しました。そこには驚きの光景が……ドレスやホットパンツ、Ｔシャツ等赤い服を着た女性が１，２，３，４……全部で６名もいます。顔と仕草を観察しますが色眼鏡で見るせいか全員その種の女に見えます。ここフィジーではインド系が多く色は黒いが大きな目鼻立ち、スタイルが良い美人が多いのです。貴方は〇〇を約束した女かと問う訳にもいかず茫然と佇んでいました。ひとつ間違えれば叩かれます。こんなことなら名前を聞いておけばよかったと後悔しました。時間ばかりが経過して焦ります。意を決し一番左の隅にいた赤いワンピースを着た１人の女性に当たりを付けました。長年の経験と感です。ジッと顔を見つめると向こうも見つめます。
「貴方がランドオペレーターの紹介の人か」と尋ねました。彼女は一言「ｙｅｓ」と、ホッとしました。確率16％を見事当てました。この時ばかりは自分で自分を褒めてあげたいと思いました（有森裕子か！）彼女を連れて客のコテージに急ぎました。ドアを開けてまたビックリ、白のランニングシャツと毛むくじゃらの足に白ブリーフ姿のオッサンが立っていました。もう完全に臨戦態勢です。上がTシャツならまるで通り魔事件の犯人です。見たくもないモノを見てしまいました。こんな……やりきれない思いで躊躇する女性を中に押し込みコテージを後にしました。

30分後、彼から電話で
「ちょっと来てくれ」と言われ
「何事？」と慌てて駆け付けました。部屋に入ると彼女が半裸でシーツを身体に巻きつけベッドの上で震えています。どうしたのか聞くと
「こんなに寒い部屋は初めてで体調が悪くなって熱が出てきた」と言います。フィジーの貧しい家にはエアコンなんか有りません。慣れないエアコンをガンガンかけられ彼女は体調を崩したのです。オッサンに理由を言ってエアコンを切って貰い、彼女には上に1枚何か着るようアドバイスしました。その後のことは知りません。翌日何も言わなかったことを見るときっと上手くいったんでしょう。

メルボルン

添乗員の仕事。それはどこまでやれば良いのか？　M交通旅行社の添乗員は岡山県湯郷温泉で女性を求めた客に付き添い土砂降りの雨の中、傘をさしてホテルの前で客を待っていて（何で俺は大学を出てまでこんなことまでしなければならないんだ……）と馬鹿らしくなり、社へ帰ると即辞表を出し辞めたそうです。彼の気持ちは良く解ります。

私も同じような経験をしました。その客はメルボルンでどうしても「白人女性とお付き合いしたい」と所望されました。通常そのようなリクエストには応えないのですが現地ガイドは既に帰宅。もし居ても若い女性ガイドだったので言えなかったのでしょう。ＴＯＣというクラブを見つけ電話しました。住所はフリンダース・ストリートです。フリンダースが『不倫ダス』に通ずる？

面白い偶然でした。夜客と2人で探しましたがお目当ての住所には看板も何もありません。恐る恐る該当住所の建物のドアをノックすると小さな覗き窓が開き男の目が見えました。

「さっき電話したのはアンタか?」と訛りのあるオーストラリア英語で言われました。中に入ると小さなホールで音量を絞ったロックが流れています。ピンクの照明の下、若い女性が10名ほど煙草を吸って気だるいムードの中、屯（たむろ）しています。客は好みの女性を選び階上へ行くシステムです。その客から

「帰りが不安だからここで待っていてくれ」と頼まれました。すぐタクシーで帰るつもりでいたので

「え〜。面倒臭い。何でここまでしなければ……」

しかしすぐに気を取り直しました。持前の好奇心がムクムクと出て来たからです。1人の女の子に案内してもらって普段あまり見る事が出来ないこのクラ

ブのシステムを聞き内部を見学することにしました。豪では売春は合法です。驚くべきことにその後2003年に豪華売春宿が株式上場までしています。ヒエー。

ここのシステムは完全歩合制で女性は1回あたり売上げ約15000円（当時）の中から手数料（ショバ代）をクラブに支払います。女性は皆キレイで見たところ年齢は20才前後の若くて小柄な女性ばかりです。中にはまだ高校生みたいな子もいました。日本に連れて歩けば皆振り返るような美人ばかりです。普段は学生、OLのようです。尤も美人で可愛くなければ指名もされません。自然淘汰されるのです。ある意味残酷な世界です。添乗員だからと部屋も見せてもらいました。6畳くらいの狭い部屋にシャワーとシャワーカーテンそれにベッドだけの簡素な造りです。ライトはピンク系でホントに何も無い必要最小限の部屋でした。火事になったら避難出来ない危ない造りです。案内してくれた女性が

「貴方はどうするの?」とモーションを掛けられましたがそこはグッと堪えました。今から登楼しても客の帰り時刻とズレてしまいます。私一人だったら転

んでいたかも知れません。40分後上機嫌の客と２人でタクシーに乗ってホテルに帰りました。

現在そのクラブはＨＰも有り健在のようです。病気の蔓延を阻止するため日本も豪のように合法化するのはどうでしょうか。

バンクーバー

カナダツアー最終日。40代同級生の女性客2人が夕食後おもむろに「あの~銀村さん、私たちストリップを見てみたいんです」と言うのです。

一瞬、

「え？　もう一度お願いします」と聞き返しました。日本だったら絶対そんなことを言わないような上品なご婦人達です。まさか彼女達からそんな言葉が出てくるとは。やはり海外で心が解放されたのでしょうか？　お客様のご要望には必ず応える私です。早速場所を調べタクシーで街外れの劇場へ向かいました。倉庫のようなレンガ造りの建物で外から中は全く見えません。中に入ると薄暗くピンクのライトが点滅してロックがガンガン掛かっています。全て立ち見で客はGパンTシャツの厳つい男達ばかり日本人は我々3人だけです。殺伐としたムードで何かピラニアの水槽に金魚2匹と鮒1匹が入ったような感じです。来るべき場所じゃなかったと一瞬思いました。しかし兎に角彼女達を無事に連れて帰らねばなりません。３人で一番前、舞台ギリギリまで進みました。

舞台の上に銀色のポールが２本立っています。というより上と下でガッチリ固定されています。踊り子がマットレスを持って入場、ポール横に敷きました。最初からブラはしていません。マットレスだけは個人の所有物のようです。ロック音楽に合わせて緩急を付けて踊り、ポールを上手く利用してクルクルと回ったりぶら下がったりします。場内の熱気は段々盛り上がりヒューヒューと冷やかしのかけ声の中、日本人女性２人はあまりにも目立っていました。踊り子も一瞬チラッとこの２人を『何をしに来たの？』と言うかのように見遣りました。私は女性２人を両手でガードするように後ろから囲いました。カナダ人男性陣は舞台に両肘を付き口笛をピーピー鳴らし囃し立てますが絶対に踊り子の身体に触ろうとしません。それもそのはず入り口付近に屈強なガードマン２名が腕を組み、目を光らせているからです。これだけは絶対に越えてはいけないという一線、暗黙の了解があるようです。彼女達の体に触れることが出来るチ

ヤンスはホンの一瞬、札を二つ折りにしてビキニパンツの中へ挟み込む時だけです。するとダンサーは目の前に来ていつもより余計に（染之助&染太郎？）踊ってくれます。

終わって外へ出ると、２人共上気した顔で
「有り難うございました。生まれて初めて見ました。踊り子もキレイでちっともイヤらしくないですね。良い思い出になりました」と感激しきりでした。私から見ればごく平凡なストリップでしたが……（ひょっとして彼女達、本当は男性ストリップを見たかったのでは）とホテルに帰ってから思ったことです。

バチカン＆ローマ

ローマ市内観光時に知り合ったMインターナショナル社のM社長の特別なコネで『1994年ローマ法王謁見ツアー』を企画しました。ローマ法王は操縦しているパイロットが操縦席を離れてまで一緒に写真を撮りたいほどの人物です。県内のキリスト教信者中心に20数名が集まりました。しかし残念なことに出発直前、法王がバスタブ内で転倒し怪我で謁見は出来なくなりました。謁見中止の代わりに閉館後のバチカン美術館を特別に見学することが出来ました。

イタリアはヨーロッパで一番行った国かも知れません。記憶に残るガイド2名を紹介します。この時のガイドがその1人ユメコさんでした。館内は静寂、我々の団体以外誰もいません。

「こんな中で案内するのは私も初めてです」と彼女も気合いが入っていました。バチカン美術館の広い空間にユメコさんの甲高い声が響き渡りました。彼女はイタリア人の歯科医と結婚しました。個性的な美人でイタリア式にしつこく言い寄られて陥落したのではと推測しました。彼女曰く
「結婚して最初に驚いたのは日本で言う『ゲタ箱』が無い事で靴は玄関の床にバラバラに置いてあった」こと。イタリア人男性はマザコンでアイロン掛けでも
「ボクのマッマはこんな掛け方をしない」と言われてカチンときたそうです。国は違っても嫁姑問題は同じでした。

もう一人はノリコさん。79年にローマ市内を案内してもらいました。彼女は演劇の勉強にイタリアへ来ていました。話上手で一緒に居てとても心地いい女性です。帰国後、クリスマスカードの交換もしましたがお互い忙しさにかまかけていつの間にか音信不通になってしまいました。20年程後ローマで付いたガイドに

「ノリコさんは元気ですか？」と聞いたら一瞬
「エッ」とした表情で
「何で彼女のことを知っているの？　彼女は大先輩、大御所ですよ」と言われました。その時は
「ふ〜ん、ガイドの親分になったのか」と思っていました。

今回この本を執筆するに当たってユメコさんとノリコさん２人の写真掲載の許可を取りたいと思い『フィレンツェ観光ガイドサービス』に探してもらいました。その結果判明したのは、ユメコさんは不明。ノリコさんは日本でモデル、俳優としてＴＶや映画にも出演、活躍した女性だと判りました。イタリアでもガイド、語学講師、通訳、俳優として幅広く活躍しガイドの範疇に収まりきらない才女でした。あくまでも演劇が主でガイドは従だったようです。そんな凄い人とは思いませんでした。どうりで人を飽きさせない会話、写真を撮った時のさり気ないポーズ、洋服のセンスが抜群だった訳です。他のガイドとはひと味違っていました。しかし残念ながら彼女は既に２００９年に亡くなっていま

した。

過去、日本での人間関係やしがらみ等が嫌になり、何となくヨーロッパに憧れて海外へフワッと旅立つＯＬがいました。海外でメシが食えるだけの資格や技能、経済力があれば良いのですが言葉も出来ず、結局日本人相手の現地ガイドになってしまった人もいました。日本を捨てたのに生活の為に再び日本と関わらねばならないという皮肉。円が１＄３６０円から80円まで４．５倍強くなったことも一因です（現在１０５円）そんな人が多い中、ノリコさんはイタリアで自分の意志を貫き自由に生きた人でした。

Ｙ旅行の女性添乗員はあるガイドに

「今、私は結婚もせず子供もいなく１人身の外国暮らし。どっちの国に居ても中途半端な存在。貴方は絶対こんな風になったらダメよ」と、懇々と諭されたそうです。同性ということも有って年下の添乗員に対して気を許して本音を吐露したようです。

日本なら見ただけでこの人はサラリーマン、職人、公務員、主婦とか大体想像が付きますが海外では相手のことが全く解らず値踏み出来ません。その社会における階級を正確に認識出来ないのです。一度ニューヨークのホテルで柱に寄りかかって新聞を読んでいる紳士を見掛けました。口髭を生やしビシッとスーツ姿で決めています。しかし

「あの人は有名なスリだよ」とガイドに教えられて

「ヒエー」と驚いたことが有ります。

それもあってか日本人女性の国際結婚相手は社会的地位が低い人が多いようです（個人の感想）。ヨーロッパは完全な階級社会、誰が好んで黄色人種と結婚するでしょうか？　添乗中差別は多々ありました。今はネット時代、海外も近く情報も多くなり状況も変わったので昔のようなことは少なくなりました。

あるガイドは朝半泣きで来ました。聞くと20才年上のバツ1男性と結婚したが彼が危篤になった途端に遺産相続争いが勃発、親戚一同から虐められている

そうです。こういう時こそ異人種は詳しい法律も解らず不利で一層差別されます。代わりのガイドが見つからず仕方なく来たそうです。こんな状況では仕事どころではなくお客様にも迷惑です。全く憂鬱になったことです。不幸な人には近づかないのが一番。

「もういいから早く病院へ行ってあげなさい」とチップを多めに渡し途中で帰ってもらいました。

国際という言葉にも違和感があります。日本では国際連合、国連と言えば何か立派な良い機関のように思われますが英語は『Ｕｎｉｔｅｄ Ｎａｔｉｏｎｓ』意味は『連合諸国』、ハッキリ言えば『第2次世界大戦の戦勝国』です。わざと意図的に誤訳した？　元々はアメリカ主導の機関。日本にとってＩＷＣ同様カネだけ盗られ、常任理事国中国の反対でいつも提案を拒否される組織です。メリットの無いこんな組織に分担金を払う必要は有りません。現在加盟１９３ヶ国中アメリカを筆頭に53ヶ国が分担金未払いです。大口スポンサーの日本が不払いなら組織は維持出来ません。なぜ遠慮するのか解りません。必要なら日本が主導して別の新組織を作ればよいのです。

ストックホルム～ヘルシンキ

【ストックホルム～（シリアライン）～ヘルシンキ～サンクトペテルブルク6日間】を無理矢理作りました。理由は学生時代に乗船したシリアラインフェリーを追体験したかったからです。20数年後ようやく実現しました。お客より自分が行きたいからツアーを作ったのです。趣味と実益、海外企画部にいる人間の役得、職権乱用？　そんなことは関係ありません。結果が全て。それで利益を出し社に貢献したから大成功です。小さな会社に居て営業から企画、添乗まで全て経験出来たことがラッキーでした。今は分業制で添乗員は外部の専門会社に発注します。これだと一番肝心な末端の細かい現地情報が入ってきません。契約添乗員は女性が多くアングラなことを調べたりしません。自分のミスや都合の悪いことを報告するのでしょうか？

ツアーは30名集まりました。勿論添乗員は私です。再びシリアラインに乗船して驚きました。船が新しくなって規模が以前よりも3倍位大きくなっていました。何年も経つので当然です。中はまるでデパート、デパートがそのまま海の上を進んでいるようなものです。

昔はおカネが無くヒッチハイクで拾ってくれたスイス人女性モモと２人で船内の椅子に腰掛けて一晩過ごしました。その時アメリカ人のマジソンスクウェアガーデンにも出場したと言う泥酔したレスラーが彼女に絡み、私と一触即発の険悪なムードになりました。船内という狭く逃げ場のない場所でケンカなんかするものではありません。それで気が動転していたのか、２人共ヘルシンキ手前の港トゥルクで下船してしまいました。そんな苦い思い出のあるシリアラインフェリーです。しかし今回はツアーで全員リッチ、船室でゆっくり宿泊出来ました。遊びで行った懐かしい場所を商品化出来ました。

私がもう一度行ってみたい場所はストックホルムのヴァーサ号博物館です。軍艦ヴァーサ号は１６２８年出港してすぐに沈没、冷たい海中で良好な状態のまま保存され年月が経ち１９６１年に引き揚げられました。その船が丸ごと展示されています。残念ながら次の予定があって見学時間は限られ、十分に見ることは出来ませんでした。もし個人で行くなら展示物だけではなく土産店などもじっくり見て中のレストランで食事もとってみたいなと思います。その際にはエストニアのタリンも絡ませるつもりです。

後記

私は、長年旅行業界に身を置き，営業，企画そして添乗をしてきました。『団体添乗員』それはあくまで仕事としてのこと。３泊４日の海外旅行であれば３日目が自由行動。特にリクエストが無ければ自分の時間です。この時間こそ、私にとって貴重な時間でした。

私個人としては旅はひとり旅に限ります。シーズンさえ外せばどこでも１人で泊めてくれます。日頃忙しく、ものを考える余裕がなく自分を見つめることも出来ない。否、そこまで難しく考えなくても全てを忘れてボンヤリするだけでいいんです。

ひとり旅なら誰にも見栄を張ることなく安宿で十分。幸い日本には良質で安いビジネスホテルが沢山在ります。食事は街に出てその土地の旨い名物を食べる。名所旧跡だからと駆けずり回って観る必要もないし気が向けば出向き、嫌なら部屋でゴロ寝をする。

「一体おたくは何をしに来たのか？」と、問われても全く気にしない。そんなことは私の勝手。夏は川のせせらぎを、冬は雪の降る音を聞いて、ひとり手酌で飲む酒もまたこよなく良いものです。

参考文献

「Gのインテリジェンス」
さいとう・たかを　佐藤　優共著　小学館

「属国日本論」　副島隆彦著　五月書房

「香港領事動乱日誌」　佐々淳行著　文藝春秋

「妓生 もの言う花の文化史」　川村　湊著　作品社

「『熱狂無き株高』で踊らされる日本」
副島隆彦著　徳間書店

「ピアニストだって冒険する」　中村紘子著　新潮文庫

「シンガポールとビジネスをするための鉄則55」
関　泰二著　アルク

「会社がつぶれても」　岡部寛之著
東京スポーツ新聞社／出版局

金運最強神社『金劔宮《きんけんぐう》乙劔社《おとつるぎしゃ》』

読者の皆様にご利益が有りますように

著者紹介

銀村金山（ギンムラキンザン）
尺八師範（棒道会）
空手弐段（極真会）

職歴
商社～旅行会社～
私立中学高等学校協会
ヲ経て現在ニ至ル

こんな旅日記 見たことない

2019年11月17日　初版第一刷発行

著　者　銀村金山
発行所　ブイツーソリューション
〒466-0848 名古屋市昭和区長戸町4-40
TEL：052-799-7391 / FAX：052-799-7984
発売元　星雲社（共同出版社・流通責任出版社）
〒112-0005 東京都文京区水道1-3-30
TEL：03-3868-3275 / FAX：03-3868-6588
印刷所　藤原印刷

万一、落丁乱丁のある場合は送料当社負担でお取替えいたします。
ブイツーソリューション宛にお送りください。

ISBN978-4-434-26717-8